中国未解之谜

侃侃◎主编

江西美术出版社
全国百佳出版单位

图书在版编目（CIP）数据

中国未解之谜 / 侃侃主编 . -- 南昌：江西美术出版社，2017.1（2021.11 重印）
（学生课外必读书系）
ISBN 978-7-5480-4932-6

Ⅰ . ①中… Ⅱ . ①侃… Ⅲ . ①科学知识—少儿读物 Ⅳ . ① Z228.1

中国版本图书馆 CIP 数据核字（2016）第 260662 号

出品人：汤 华

责任编辑：刘 芳 廖 静 陈 军 刘霄汉

责任印刷：谭 勋

书籍设计：韩 立 刘欣梅

江西美术出版社邮购部

联系人：熊 妮

电话：0791-86565703

QQ：3281768056

学生课外必读书系

中国未解之谜 侃侃 主编

出版：江西美术出版社

社址：南昌市子安路66号

邮编：330025

电话：0791-86566274

发行：010-58815874

印刷：北京市松源印刷有限公司

版次：2017年1月第1版 2021年11月第2版

印次：2021年11月第2次印刷

开本：680mm×930mm 1/16

印张：10

ISBN 978-7-5480-4932-6

定价：29.80元

　　中国是一个充满神奇的地方，无论是山川风物、历史文化，还是艺术民俗等，都隐藏着许多令人困惑不已的谜团，强烈冲击着人们的好奇心和求知欲。徐福东渡寻觅不老灵药，是史实还是传说？马王堆古尸为何历经千年不腐？曹操生性多疑，死后真的设有七十二疑冢吗？武则天生前文治武功，死后缘何以无字碑示人？端午节的真正起源到底是什么？你想游览神农架的奇异动物王国吗？你想了解神出鬼没的野人吗？……

　　这些令人感到困惑不解的事件和现象广泛而真实地存在着，有些是人类当前的认知能力和科技水平所不能完全解释的，有些是其真实面目被历史尘封，还有些则是由于当局者的刻意隐瞒和篡改。它们所散发出来的神秘魅力，像磁石一般吸引着人们好奇的目光，并激发起人们探求真相的强烈兴趣。在对种种谜团的破译和解析过程中，人们不但能够获得知识上的收益，还能得到愉快的精神体验。

　　这本《中国未解之谜》以知识性和趣味性为出发点，全方位、多角度地展示了从神秘传说到远古文明、从帝王后宫到文化名人、从自然奇域到人文建筑、从历史文化到军界政界等方面最有研究价值、最为人们所关注的未解之谜，内容涉及政治、经济、历史、文化、军事、科技、地理等诸多领域，可谓包罗万象。对于每个未解之谜，编者并未以一家之言而妄下断语，而是在参考了大量文献资料、考古发现的基础上，结合最新的研究成果，客观地将多种经过专家学者分析论证的观点一并提出，展示给读者，努力去接近谜团背后的真相。

　　为帮助少年儿童更好地理解这些不无深奥之处的知识，作者在编写过程中充分考虑到少年儿童的认知水平和心智特点，在精选内容的同时，力求叙说简约

浅显，释理通俗易懂，做到深入浅出，并编配精美插图和实物照片等。既勾勒出万物万象的神奇色彩，展示现代人探索求真的顽强努力，又化解孩子们认知和理解新知识的困难。阅读时，如果能亲子共读，或由父母导读、讲读，相信孩子们的阅读效果将会更好，收获将会更多。

未解之谜无处不在，岁月的风尘掩埋了无数的人和事，却丝毫掩不住人们一窥真相的好奇心。幽暗的地宫、离奇的谜案、远去的传奇、隐藏的真相……在无边的黑暗里，众多的未解和神秘静静地守候，在等待那支探索火炬的亮起，等待人们去开启岁月的封印，还原那一幕幕尘封已久的画面。

目录
CONTENTS

第三章
文化谜团

第四章
考古谜踪

第六章
风俗探源

第五章
建筑奇观

Part 1
第一章
地理秘境

如梦如幻的香格里拉之谜

英国作家希尔顿在小说《消失的地平线》中，描绘了一个名为"香格里拉"的神秘之地。书中提到的香格里拉就隐藏在喜马拉雅群山之中，生活在那里的居民几乎与世隔绝，享受着安静平和的生活，守护着自己的文明。

🌀 香格里拉市

　　在中国的云南，真的有一个叫"香格里拉"的地方——云南省迪庆藏族自治州香格里拉市，原名中甸县，藏语称"建塘"。经过众多专家学者的考察，"香格里拉"这个词，由藏传佛教经文中的"香巴拉"一词演化而来，发音源于云南香格里拉藏区的一种方言，意为"心中的日月"。

香格里拉市位于青藏高原东南的横断山地，是亚洲几条大河流经的地方。这些河流数千万年的雕刻作用，造就了仅存于这里的雄壮景观。这里有神圣的雪山、幽深的峡谷、飞舞的瀑布、被森林环绕的宁静湖泊、徜徉在辽阔草原上的成群牛羊、净如明镜的天空，以及金碧辉煌的庙宇。

香格里拉市的古城更带有神秘色彩。古城的小街小巷，铺着高高低低的石板，这些石板经过岁月的洗礼，被藏民的鞋底磨得像大理石一样明亮。整个城市的四周耸立着高山，仿佛是古城的守卫。

尽管现在的香格里拉市和希尔顿小说中的"香格里拉"十分相似，但还是有人认为，这里并不是"香格里拉"的"真身"，因为根据希尔顿的描写，"香格里拉"的位置是西藏高原某个不为人知的深谷中，而不是香格里拉市所处的滇西北。

🌀 神秘的Hunza山谷

还有一种说法，神秘的Hunza山谷被认为是香格里拉的原型。Hunza山谷位于巴基斯坦北

部，靠近中国边境。山谷被银装素裹、冰河悬注的雪山包围，但山谷中间却气候宜人，满是青葱碧绿，是白雪中的五彩绿洲。生活在山谷中的居民，善良淳朴而又几乎与世隔绝。当地的环境与希尔顿书中描写的情景十分相近。因此，有人认为，香格里拉就在Hunza山谷的某个地方。遗憾的是附近连年战乱，阻挡了人们前去探寻的脚步。

或许"香格里拉"只是希尔顿为自己勾画出来的一个美丽幻象，但是好奇的人们不愿意相信"香格里拉"仅仅是希尔顿心血来潮、灵感突发的凭空创造，一直执着地寻找着。不管"香格里拉"究竟在哪里，这个不解之谜都给人们带来了无限美好的想象和追求。

可可西里的四大谜团

▶▶ KEKEXILI DE SI DA MI TUAN

可可西里，地处青藏高原腹地，平均海拔4600米以上，高寒缺氧，自然条件恶劣，是中国最后一块保留着原始状态的自然之地，被称为"生命的禁区"。在这片无人区里，存在着许多令科学家不解的谜团。

谜团一：可可西里的成因

可可西里位于青藏高原的腹地，青藏高原的形成主要是板块碰撞造成隆起的结果。但距离可可西里最近的板块碰撞带也有2000千米远，几乎不可能对可可西里的形成起到作用。那么，可可西里究竟是如何形成的？这至今仍是个谜。

谜团二：藏羚羊是多还是少

提到可可西里，人们一定会想到这里的藏羚羊，它们被称为"可可西里的骄

5

傲"。多年来，人们为保护这一珍稀物种做了很多努力。

针对"过多藏羚羊可能影响可可西里植被正常生长"的说法，专家表示，目前并不存在藏羚羊过多的问题，藏羚羊数量依然十分有限，属于濒危动物，亟须保护。此外，专家还提醒大家不仅要关注藏羚羊，还要关注野牦牛、藏野驴、棕熊等其他栖息在可可西里的珍稀野生动物。

谜团三：能否发现石油、金矿

可可西里地区的地质构造十分适合油气田的形成，在以前的科考中人们也曾发现有些地方地表有沥青和原油渗出，一切都说明这里可能存在大型油气田。但目前，科考力度有限，探明一个大型油气田的具体位置，还需要相当长的时间来分析评估。

相比油气田的悬念，可可西里有丰富金矿的传言由来已久。早在20世纪80年代，这里就曾出现过淘金热。当时有十多万人陆续进入可可西里的边缘地区淘金，甚至有说法称某些机构还向淘金者发放过"淘金令"。专家称，

这里极有可能存在金、铜、铅、锌矿，而且储量应该较大。但是除非国家急需，否则就算探明也不会开采贵重金属矿藏。

开发和保护一直是可可西里地区存在的一对矛盾。但在这一地区，保护绝对重于开发。

谜团四：可可西里出现的神秘湖泊

通过近些年的卫星图片，专家发现可可西里地区出现了许多新的小湖泊。这些湖泊的成因是什么？这个问题困扰了科学家许多年。

现在对于这些湖泊的成因有两种猜测：一种认为是降水形成的，另一种认为是冰川和冻土融化形成的。如果来自降水，那说明这一带的生态状况良好；但如果来自冰川和冻土融化，就说明生态正在恶化。

为何冻土融化就表明生态恶化了呢？看过电影《可可西里》的观众肯定对影片中反盗猎队员陷入流沙的情节印象深刻。但实际上，电影中那样的流沙在可可西里较为罕见，因为其地表有大面积冻土，它们起到了涵养水源的作用。一旦冻土融化，其涵养水源的作用便会消失，水分蒸发，土壤沙化，从而导致整个生态系统的崩溃。到那时，电影中令人恐惧的流沙就将大规模出现。

鄱阳湖 "百慕大" 之谜

▶▶ POYANG HU "BAIMUDA" ZHI MI

鄱阳湖是中国的第一大淡水湖，也是中国第二大湖，位于江西省北部，和庐山相邻，是著名的 "白鹤世界" "珍禽王国"。同时，鄱阳湖还有一片令人毛骨悚然的水域，据说在近几十年的时间里，有100多艘船在这里离奇失踪。这片水域就是鄱阳湖老爷庙水域，被称为中国的 "百慕大"， 鄱阳湖的 "魔鬼三角区"。

位于恐怖的北纬30度

众所周知，在北纬30度附近，奇异景象、自然灾难、未解谜团比比皆是，最出名的有百慕大三角、埃及的狮身人面像、加州的死亡谷、巴比伦的空中花园等，而鄱阳湖老爷庙水域也处于这片神秘区域。那么，在这片水域，到底发生过哪些恐怖的事情呢？

　　据说，1945年4月16日，侵华日军的"神户丸"号运输船装载着200多名官兵和大量古玩字画、金银珠宝在鄱阳湖上行驶，在经过老爷庙水域时，神秘地消失了。"神户丸"号消失不久，日本驻九江海军部队便派出一支优秀潜水队伍，赶到出事地点探查搜救。令人意想不到的是，只有一人得返。这位潜水员回到岸上，脱下潜水服后，面色苍白，双目无神，一句话也说不出来，后来经医生诊断，这名潜水员已经精神失常了。1946年夏天，美国著名的潜水打捞专家爱德华·波尔一行人应当地政府的邀请，专程来到老爷庙水域打捞"神户丸"号，历时数月，不仅一无所获，还有几名队员失踪了。对这件事情，无论是爱德华，还是他的队员，都保持同一种态度，那就是绝口不提。也有人认为此事为讹传。

　　1985年8月3日，江西进贤县航运公司的两艘各为20吨的船，也在此水域神奇般地葬身湖底，而同一天中，同在此处遭此厄运的还有另外12艘船……最让人百思不解的是：虽然在老爷庙水域沉没的船不计其数，这里埋葬了许多财宝和尸骸，但无论人们如何打捞，这些船仿佛"人间蒸发"，船骸怎么也打捞不着，财宝和尸骸也不知去向。

　　据当地有数十年航运经验的老人讲，"魔鬼水域"最可怕之处是这里的风暴眨眼间就来，狂风恶浪持续时间短，从浓黑的雾气弥漫、滚滚浊流吞噬船只到湖面上风平浪静，也就几分钟的时间。狂浪扑来时，伴有风雨、怪啸和船体的碎裂声，四周黑气沉沉，难辨五指，但几分钟过后，湖面立刻恢复平静，就跟什么事都没有发生过一样。沉船事故就是在没有任何先兆，船上的人几乎毫无防备的情况下，因船只突遇狂涛巨浪而发生的。"魔鬼水域"毫无征兆的发威方式，让打此穿行的

鄱阳湖船老大们始终提心吊胆，战战兢兢。每当船行此地，他们便站在船头，面对老爷庙焚香叩拜，想以此祈求平安。但任凭他们怎样祈求，心里的阴影总也抹不去，而恐怖的船翻人亡事件也照样上演……

迷雾重重

鄱阳湖老爷庙水域沉船事件频频发生，或许并非偶然，这里发生的稀奇古怪的事引起了人们的种种猜测。

有些人声称，鄱阳湖内生活着巨大的"湖怪"，不管是沉船事件，还是失踪之谜，都是"湖怪"惹的祸。自称目击过"湖怪"的人说法不一，有的说"湖怪"像几十米长的大扫把，有的说"湖怪"类似白龙，有的说"湖怪"像张开的大降落伞……而"湖怪"出现在鄱阳湖的时候，常常伴有啸声。

还有人猜测，是"飞碟"降临在了老爷庙水域，像幽灵般在湖底活动，导致沉船事故不断发生。这种猜测兴起于20世纪70年代中期。当时，曾有人在鄱阳湖西部地区，目睹了一个呈圆盘状的发光体在天空飞行，时间长达数分钟。当地人曾将此情况报告上级有关部门，而有关部门未做出清楚的解释。

谜团初探

一些科技人员对这一地区的水文、气象、地理等情况做了较长时间的观察、探测和研究，逐步解开了鄱阳湖"魔鬼水城"的一部分谜团。例如，水流紊乱形成漩涡，地下电磁场诱发雷电，狭管形成大风等。但是他们对失踪船只及珠宝的去向仍然没有给出合理的解释。或许，在不久的将来，科学家们就会揭开这块"魔鬼三角区"的神秘面纱。

有显微功能的古井之谜

▶▶ YOU XIAN WEI GONGNENG DE GUJING ZHI MI

显微镜是现代科技的一项重大发明，它能让我们清楚地看见肉眼看不见的种种细微之物，方便人们针对细小物进行观察研究。不过，如果说世界上有带有显微功能的古井，你相信吗？

神秘古井

不管是奇迹还是巧合，今天的人们还真发现了一口奇特的古井：如果把细小的东西扔进井里，人们仍能清楚地看见躺在井底的东西，甚至能看见它上面的纹路和字迹。

雷台古井

这口具有显微功能的古井，位于甘肃省武威市的雷台汉墓。古井就在距地下墓道入口两米的地方，它的全部基身都是由汉代古薄砖砌成的。不知道这些古薄砖具有什么独特之处，当人试图把手伸进井里，就会感觉到刺骨的寒气，让人无法忍受。这个古井以前究竟是做什么用的，我们无从知晓。

探究奥秘

古井的显微功能从何而来呢？有人认为是由于光。古井里的灰尘在光的照射下可能形成某种折射，从而达到了放大的效果。也有人说奥秘就在那些汉代薄砖身上，它们的雕砌方法可能无意间造成了这种奇特的效果。

然而，这些解释都没能被科学证实，人们仍期待着更为科学的答案来解释这个古井之谜。

峨眉山三霄洞之谜

>> EMEI SHAN　SANXIAO DONG ZHI MI

峨眉山九老洞附近有个神秘的洞穴，地处九老洞、雷洞坪、万佛顶构成的三角地带。传说古时候有三位美丽的姑娘，分别叫金霄、银霄和碧霄，她们在四川省峨眉山的一个山洞中修炼成仙。后人为了纪念她们，便把这个洞称为"三霄洞"。在这个神秘的洞里，发生过一件离奇的惨案。

多人瞬间死亡的惨案

峨眉山是我国佛教的四大名山之一，山上香火缭绕，游人众多，但却很少有游客到三霄洞游玩，因为三霄洞还有一个别称，叫作"死亡之洞"。三霄洞"死亡之洞"的名号是怎么来的呢？原来，这里曾经发生过72人瞬间死亡的惨案。

1929年5月的一天，善男信女带着捐造的大铜钟，千里迢迢赶到三霄洞。大家在洞里表演起了围鼓，异常吵闹。演空和尚看到大家过于兴奋，便劝说大家不要喧哗，否则惹怒了三霄娘娘是要受罚的。可是大家情绪高涨，根本不听劝说。

就在人们在洞中喧闹不止的时候，洞内突然一声巨响，霎时漆黑一片，一股水桶粗的黄色火焰从洞底冲出，致使72人窒息身亡。

这一消息传到当时的峨眉、富顺两县后，两位县长火速赶到三霄洞调查原因，却没有得到结论，只好下令封闭了三霄洞，将遇难的72人埋在三霄洞外，拆毁了洞外的三霄娘娘庙，禁止游人到此游玩。没过多久，成都《新新新闻》还以"峨眉山三霄洞惨案，三霄娘娘显圣，七十余人丧生"为题，报道了这一震惊巴蜀的惨案。

三霄洞谜团

到底是什么原因引发了三霄洞惨案呢？难道真的是众人的喧闹声冲撞了三霄娘娘？三霄洞谜团引起了很多专家和学者的关注。曾经有一位大学教授专程到峨眉山三霄洞进行实地考察，并深入洞穴详细查看。最后，这位教授得出的结论是：洞内骤然而起的鼓声、欢闹声，震动了洞内的瘴气，引起爆炸。可是这个结论并没有得到普遍认可，因为瘴气本身是不会爆炸的。

至今为止，关于三霄洞惨案是什么原因引起的，一直没有结论，成为了中国最著名的未解之谜之一。

会发声的石头

冰冰的石头也能发出声音？是的。河南省林州市石板岩地区有一块巨石，就可以发出像猪叫一般的声音。这块奇石就是"猪叫石"，它和隆冬时节桃花怒放的桃花岩、盛夏结冰的冰冰背并称为太行大峡谷风景区的三大奇观。

神奇的猪叫石

猪叫石外表是紫红色的，形状方正，斜插于山崖下的沃土里，地面上露出部分约4立方米，石头上面的层理与节理比较明显，石缝参差不齐，凹凸部分较多。

传说，猪叫石有个神奇的本领，就是每当世间发生重大事件时，巨石就会发出响声，仿佛一头猪在"哼哼唧唧"地叫唤。据当地老人说，1937年日本入侵中

国前，猪叫石"哀嚎"了一个月；1949年新中国成立前，猪叫石的叫声则显得非常欢快；唐山大地震发生前，它也同样用叫声发出了"警告"；香港回归祖国、中国加入世贸组织、北京申奥成功时，山民们又听到猪叫石发出叫声。

🐷 猪叫石之谜

关于这块猪叫石，当地百姓中流传着这样一个有趣的故事：在很久很久之前，这里住着一个孤身老汉，他养了一头猪，与之相依为命。一天夜里，这头猪忽然焦急地叫起来，并用嘴巴把老汉拱醒，又拱他走到室外。老汉刚一出门，就听见"轰隆"一声巨响，一块巨大的山石从山上滚下，砸塌了房屋，把那头猪活活地压在了下面——原来是发生了地震，震裂了山石。当时，老汉听见猪在石头下大叫，便开始挖掘。他挖呀，扒呀，最终也未能把那头救他性命的猪挖出来。从此，一到傍晚，特别是遇到刮风、下雨、山洪暴发、地震将临的时候，人们都可以听到猪的叫声。

现在，猪叫石属于省级风景名胜区的重点保护对象，它的周围设有木头护栏。栏旁有"猪叫石"横牌，前面还摆有香案。香案正面刻"神石"二字，两侧镌有联语：兆世事风云，佑万民安康。

猪叫石的神奇远近闻名，吸引了不少专家、学者、旅游者前来参观考察、分析研究，但人们至今仍未能揭开猪叫石会叫之谜。有人说，猪叫石下面有空隙；也有人推测，下面有溶洞。然而这些猜测都未能得到证实，猪叫石会发声至今仍是一个谜。

神秘的黑竹沟

▶▶ SHENMI DE HEIZHU GOU

黑竹沟位于中国四川省乐山市峨边彝族自治县境内。尽管黑竹沟是国内著名的国家级森林公园，但是到这里来游玩的游客却很稀少。这是为什么呢？原来，黑竹沟还有一个名字，叫作"死亡之谷"。在这里，发生了许多神秘事件，至今还无法得到科学的解释。

神秘失踪之谜

人们之所以不敢随便进入黑竹沟，就是因为这里发生过多起神秘失踪的事件，进入黑竹沟的人，大多都一去不返，毫无音讯。

据当地的彝族长者介绍：1950年，国民党的一支部队，仗着武器精良，想要穿越黑竹沟，可是这些士兵入沟后却无一人生还。1997年，四川省林业厅的两位工作人员进入峡谷后，再也没有回来。2006年，川南林业局组成调查队，想要进入黑竹沟探险，他们在石门关前放出猎犬探路，可是猎犬很快便不见了踪影，任凭向导如何呼喊猎犬的名字，都没有任何动静。就在队员们想要去寻找猎犬的时候，一阵浓雾从森林深处滚滚而出，包围了队员们，队员们之间只有咫尺距离，

却看不到彼此，只好停止探险。

到底是什么原因使进入黑竹沟的人们一去不返？黑竹沟中到底存在着什么奇异景象？这些问题至今仍没有科学的解释。

野人之谜

黑竹沟有个被人们称为"野人谷"的地方，传说这里出没着神秘的野人。1974年10月，勒乌乡村民冉千布干曾亲眼见到一个高约2米，脸部与人脸无二，浑身长满黄褐色绒毛的雄性巨物——野人。在此之后，当地群众曾多次发现野人的踪迹。生活在那里的人们，十分敬畏这些神出鬼没的野人，称其为"诺神罗阿普"，也就是"山神的爷爷"的意思。至今，这里的人们提到野人，仍然心有余悸。

黑竹沟是否真的存在着野人？这里的野人究竟是什么样的呢？这些问题至今仍没有答案。

神奇动物之谜

黑竹沟有很多野生动物，多为世界稀有。在黑竹沟中，生活着一种黑白相间、花纹成条状的"大熊猫"，还有一种黑白相间、有圆状花纹的"花熊猫"。人们是怎样发现这两种"熊猫"的呢？原来，黑竹沟的"大熊猫"经常跑到附近的彝族山寨吃牛、羊和猪，吃完后还敢在寨子里呼呼大睡，因此才被人们所熟悉。

可是，为什么黑竹沟"大熊猫"的食性会变异？这些与国宝大熊猫大相径庭的"熊猫"从何而来？另外，黑竹沟里还有哪些没有被人们发现的稀有野生动物？这都有待动物专家去探索。

除了以上的未解之谜之外，黑竹沟一定还藏着许多人们未知的秘密，等待着人们去揭开它们的神秘面纱。

庐山千年佛灯之谜

▶▶ LU SHAN QIANNIAN FODENG ZHI MI

庐山有一种奇特的自然现象——佛灯。千百年来，闪烁变幻的佛灯作为一种罕见的自然奇观，使这座风景秀丽的名山更为神秘，也吸引了无数文人学者到这里探险。可是，至今为止，庐山中闪烁的佛灯到底为何物，依然没有人知道。

变化莫测的佛灯

庐山观佛灯的地点在大天池附近的文殊台。当夜浓无月的时候，山下黑漆漆的幽谷中会涌现大小不同的亮光。亮光时大时小，时聚时散，忽明忽灭，或左或右，或近或远，好像一盏盏灯笼游荡在山谷间。更为神奇的是，这些佛灯的颜色并不是永远不变的，有的时候是白色或青色，有的时候微带绿色。

众说纷纭

佛灯闪烁，是庐山的三大谜题之一。人们对这个现象的解释也是五花八门：有的说这是山下灯光的折射，有的说是星光在水田里的反射，有的说是一大群萤火虫在飞舞，还有的说是山中蕴藏着的能发出荧光的矿石。

还有一种是磷火说，认为佛灯是民间所说的"鬼火"，是山中死去的动物骨骼中所含的磷质，或含磷地层释放出来的磷质在空气中自燃所造成的。

但有的研究者却认为庐山的佛灯现象和磷火无关。一是因为磷火多贴近地面

缓缓游动，不可能上升很高，更不会"高者天半"或"有从云出者"；二是因为磷火的光很弱，而庐山文殊台海拔在千米以上，若是磷火，在文殊台上不可能看得那么清晰。

特殊的见解

一位退役的海军航空兵对佛灯现象提出一个别出心裁的看法。他认为佛灯是天上的星星反射在云上的一种现象。在夜间没有月光的时候，铺天盖地的云层就像一面镜子，从上向下看，不易看到云影，只看到云反射的无数星光。飞行员在这种情况下易产生"倒飞错觉"，分辨不清哪里是天，哪里是地，甚至感到是在头朝下飞行。他认为在无月星灿的夜晚，庐山文殊台下的云层反射空中的点点星光，就有可能出现佛灯现象。由于半空中的云层高低不一，飘移不定，所以反射出的星光也不是固定的，造成佛灯闪烁离合、变化无穷的现象。

然而，为什么在有些山区就见不到这种云层反射星光的现象呢？为什么只有在特定地点才能观看到佛灯的风采呢？对于这些问题，这种说法无法给出科学的解释。

闪烁在路上的佛灯并不常出现，即使居住在山上几十年的百姓，也难得看见一次。这对研究佛灯的成因造成了一定的困难，所以这一个谜，至今仍悬而未决。

安徽花山石窟群之谜

▶▶ ANHUI HUA SHAN SHIKU QUN ZHI MI

百慕大、金字塔、狮身人面像、死海、撒哈拉大沙漠……这些谜一样的世界奇观有一个共同的特征，那就是它们都位于北纬30度附近。近来，这条神秘线附近的区域中又有一道世界谜题摆在了我们面前，那就是安徽花山石窟群。

🌀 巨大的人工石窟

花山石窟群并不是天然溶洞，而是古代人工开凿的规模宏大、形态奇特的石窟。

不过，花山石窟群千百年来一直默默地掩藏于新安江屯溪段下游南岸连绵不断的山体中，直到2000年左右才被发现。在沿江两岸5千米长的山群中，共"藏"有36座石窟，遗址区面积达7平方千米。考古、地质方面的专家对石窟中的出土文物进行考证后断定，花山石窟开凿于西晋年间，已有1700多年的历史。

花山石窟的36个石窟，隐藏在连绵的山体之中，每个石窟都有独立的出口，有的敞开在山野小路边，有的深藏在半山腰的荆棘草丛中，有的淹没在山脚江水里……从洞口走进石窟，就感觉走进一个地下大院。石窟中的房间大小不一，而且还分成了几个楼层，房间、楼层之间有通道相连。除此之外，石窟中还有水井、蓄水池之类的设施，类似现代的防空洞，功能齐全，设施完备。

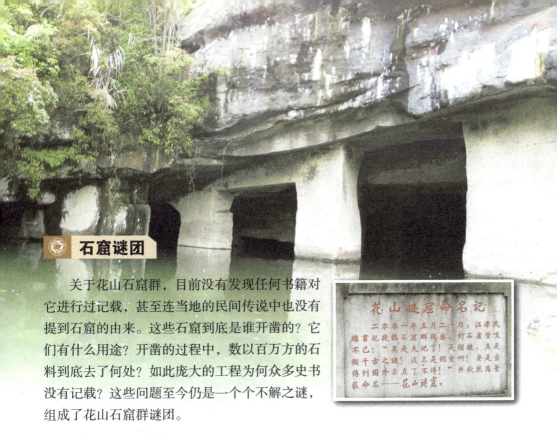

🐾 石窟谜团

　　关于花山石窟群，目前没有发现任何书籍对它进行过记载，甚至连当地的民间传说中也没有提到石窟的由来。这些石窟到底是谁开凿的？它们有什么用途？开凿的过程中，数以百万方的石料到底去了何处？如此庞大的工程为何众多史书没有记载？这些问题至今仍是一个个不解之谜，组成了花山石窟群谜团。

🐾 谜团猜想

　　花山石窟群的谜团引起了人们的种种猜想。目前仅关于为什么开凿规模如此大的石窟这个问题，就有20多种猜想，而且猜想还在增加，这也为花山谜窟增添了更多神奇。

　　其中有一种说法认为，这里是越王勾践伐吴的秘密战备基地。按《史记》记载，鲁哀公十三年（公元前482年），越国首次伐吴发兵49000人，而在此前的诸多史料中却没有关于这些军队的记载，那么越国的这些军队很可能全部是秘密训练而成的。窟内空间巨大，完全可以容纳得下数量庞大的士兵。窟内大量存在的石室、广场，完全可满足他们的军训和生活所需；窟内的诸多水井、水池，不但可提供饮用水，而且可供打制兵器、工具时淬火之用；所有洞窟均为单口出入，而又各不相通，这或许也是为了满足越军训练时绝对隐蔽以及便于控制越军的要求而设计的。

　　除了"越王勾践伐吴的秘密战备基地说"之外，还有"屯兵说""采石场说""徽商屯盐说"等说法。尽管每种说法都有自己的推理和证据，但是因花山石窟群目前毫无史料记载而无法判断真假，花山石窟群的种种谜团依然无法解开。

神秘莫测的神农架野人

>> SHENMI MOCE DE SHENNONGJIA YEREN

神农架，是中国最神秘的地方之一。因为在这里，传说生活着一种神秘生物——野人。这种生物被深深地印在当地人的脑海中，尽管谁也说不清他的模样，但是人们却仍然相信，野人就隐藏在神农架的某个角落。

野人传说

神农架野人的传说比尼斯湖水怪还要古老，其最早的文字记载距今已有2000多年之久。据说，屈原笔下的"山鬼"，《山海经》中的"毛人"，李时珍《本草纲目》和清朝的《房县志》中的"多毛人"，都是古人对神农架野人的称呼。目前有关部门收集到的资料表明，人们在神农架目击到野人

的次数已有100多次，先后有近400人看到过野人。

除史书中的记载，神农架民间处处流传着"野人文化"。比如说，当地药农上山采药时，都会将两截竹筒分别戴在双手的手腕上。为什么要这样做？因为老一辈药农认为，进入神农架深处采药，很可能遭遇野人。这样做的话，如果在途中遇野人袭击，不仅能用竹筒保护自己的手腕，还能趁着野人大意之时，抽出手来逃脱。因此，神农架采药人上山备竹筒的习惯沿袭至今。

野人真的存在吗

事实上，野人不仅仅出现在中国的神农架，在西伯利亚和中亚的高加索地区，甚至日本、澳大利亚、新几内亚岛和非洲，都有人声称发现了未知动物。尽管不同地区的人们对这些未知动物的称呼不同，但是它们和神农架的野人很相似。

根据对野人踪迹的研究，科学家们认为野人的来历有以下几种可能：

1. 野人可能是古代类人猿的后裔。特别是北美的"大脚怪"、喜马拉雅山的雪人、神农架野人,很多人认为他们是巨猿的后裔。

2. 野人可能是大型短尾猴。大型的短尾猴远看像是没有尾巴的猿,又很像浑身长毛的"人"。20世纪50年代我国浙江省曾有村民击毙野人的报道,根据保留下来的该动物手掌来看,其原身并不是神秘的野人,而是一只大型的短尾猴。

3. 野人可能是新种类的猩猩。在神农架,考察队员们拿出多种动物照片让目击过野人的当地群众辨认,当地群众都不约而同地指着猩猩照片。有人指出,我国古代早已有关于猩猩的记载,并指出其产地就是今日重庆、湖北交界的地区。因此,神农架野人可能是某种猩猩。

4. 野人可能是"野化"的人。他们曾经是人类社会的成员,由于某种原因流落在大自然里,因为长久隔绝于人类社会,人性逐渐泯灭,成为野人。

直到今天,神农架野人是否存在仍然是个谜。也许,是否有野人这个问题将是个永远都会存在的谜,但是正是因为有未解之谜,人们才有了对世界的探索欲,才推动了世界的进步。

Part 2
第二章
历史悬疑

历史上确有黄帝其人吗

>> LISHI SHANG QUE YOU HUANGDI QI REN MA

黄帝被认为是中原各族的祖先。不过，黄帝的身份一直存有疑问，历史上确有黄帝其人吗？这至今仍然是一个谜。

🌀 关于雷电之神的传说

有学者认为，黄帝是神话传说中的雷电之神。相传他长有4张脸，每张脸面对不同的方向，能同时顾及东、西、南、北四个方向。所以，无论什么地方发生了事情，都逃不过他的眼睛。后来，他战胜了东、西、南、北4个天帝，建立了自己的神国，崛起为中央天帝。因为中原的土地是黄色的，所以人们将其称为"黄帝"。

部落联盟的首领

还有学者根据史书记载，认为黄帝确有其人，他应该是原始社会末期一位部落联盟的首领。《五帝本纪》作为《史记》的开篇，明确记载着："黄帝者，少典之子，姓公孙，名曰轩辕。生而神灵，弱而能言，幼而徇齐，长而敦敏，成而聪明。"这段话明确地记录了黄帝的身世。黄帝是少典部族的子孙，叫作公孙轩辕，相传黄帝一生下来就很神通灵异，出生不久，便能说话，长大以后诚实勤奋，见闻广博，无所不通。后来他征服炎帝，打败了蚩尤，统一了天下。他以土德为王，因土是黄色的，又被称为黄帝。

黄帝在位期间，不但国家安定，兵强马壮，而且政治清明，文化进步。除了政绩显赫之外，黄帝还是一名发明家，他有许多发明创造，相传音律、养蚕、文字、舟车、医学、数学等都是他发明创造的成果。黄帝有25个儿子，其中有14人建立了自己的姓氏，相传尧、舜、禹、皋陶、伯益、汤等均是他的后裔，因此黄帝被奉为中原各族的共同始祖。这样看来，黄帝应该是人。

那么，黄帝究竟是人还是神呢？由于年代久远，许多说法都无法考证了。这个问题，有待人们继续探索、研究。

"三皇五帝"究竟是谁

木雕三皇像

> "自从盘古开天地,三皇五帝到如今。" 我国古代把远古三个帝王和上古五个帝王合称为"三皇五帝",秦始皇为表示其地位之崇高无比,采用三皇之"皇",五帝之"帝"构成"皇帝"的称号。那么,你知道"三皇五帝"究竟是谁吗?

"三皇"不定

"三皇"是中国古代传说中的远古帝王,那么"三皇"都包括谁呢?自古以来说法不一,广为流传的至少有4种不同说法。

第一种观点,认为"三皇"为伏羲、神农和女娲。

第二种观点,认为"三皇"为伏羲、神农和共工。

第三种观点,认为"三皇"是伏羲、神农和祝融。

第四种观点,认为"三皇"是伏羲、神农和燧人。

上述四种观点中,伏羲、神农为各家所共有,有出入的是分别将女娲、共工、祝融、燧人列入"三皇"。传说女娲不仅用黄土造人,而且"补苍天""立四极",使人民得以安居;共工怒触不周山,"天柱折,地维绝。天倾西北,故日月星辰移焉;地不满东南,故水潦尘埃归焉",改变了人类的生存环境;燧人教会人们钻木取火,使人们能吃到熟食;祝融,名重黎,是传说中的火神。四者都有了不起的功绩,都有位列"三皇"的资格。

蜗皇宫

"五帝"不定

"三皇"无定论，自古如此。那么"五帝"的情况又怎样呢？

"帝"原是中国原始社会部落联盟时期的首领的称谓，"五帝"的说法形成于周秦之际。但"五帝"的组合，自古以来也有着不同的说法。

第一种观点，认为"五帝"即伏羲、神农、黄帝、尧、舜；第二种观点，认为"五帝"是黄帝、少昊、帝喾、帝挚、尧；第三种观点，认为"五帝"是太昊、炎帝、黄帝、少昊、颛顼；第四种观点，认为"五帝"是黄帝、颛顼、帝喾、尧、舜；第五种观点，认为"五帝"是少昊、颛顼、高辛（帝喾）、尧、舜。东汉的郑玄还提出"五帝为六人"之说。

哪种说法最有根据呢？

《国语·晋语》载："昔少典娶于有蟜氏,生黄帝、炎帝……"《史记·五帝本纪》也说："黄帝者，少典之子，姓公孙，名曰轩辕。"至于炎帝，也为少典之子，与黄帝兄弟相继，但《帝王世纪》认为炎黄之间相隔8帝，相差500多年。在早期部落之间的战争中，黄帝对于中原各族的形成是有功绩的，而班固说炎帝"教民耕农，故号曰神农氏"。炎帝、黄帝对古代社会的农业生产做出了贡献，人们习惯上认为中原各族同为炎、黄子孙，看来炎、黄被列为"五帝"是有可能的。

帝喾高辛氏，是黄帝嫡长子玄嚣的孙子。《帝王世纪》说他"年十五而佐颛顼，三十登位"。《史记·五帝本纪》说他"生而神灵，自言其名，普施利物，不于其身。聪以知远，明以察微，顺天之义，知民之急。仁而威，惠而信，修身而天下服。取地之财而节用之，抚教万民而利诲之"。而且他生有一个伟大的儿子帝尧。

帝尧，名放勋，号陶唐氏。司马迁说他"命羲、和，敬顺昊天，数法日月星辰，敬授民时"。对于以农业立国的中原各族来说，制定历法，授民以时，在古代，比什么都重要。

太昊亦作太皓，风姓，以龙为官名。一说即伏羲氏。少昊又作少皞，名挚，一说号金天氏，以鸟为官名。传说他们均为东夷族首领。

根据上面的"审查"，他们都有资格被列入"五帝"，然而，名额有限，这就使得史学家不知何去何从了！

其实，关于"三皇五帝"究竟是谁的分歧，是我国多民族共同发展的产物，它反映了民族融合的进步趋势。

夏朝九鼎下落之谜

▶▶ XIACHAO JIUDING XIALUO ZHI MI

相传，夏朝初年，大禹把天下划分为九州，下令收集青铜，铸造九鼎，每一鼎代表一州。大禹还派人把各州的山川名胜、奇异之物绘成图，再叫能工巧匠把它们刻于九鼎之上。从此之后，九鼎成为了国家的象征，更是夏、商、周三朝帝王的定国之宝，代代相传。

意义非同一般

夏王九鼎是"国之重器"，意义非同一般。

公元前606年，春秋五霸之一的楚庄王讨伐陆浑之戎，来到周朝都城的郊外检阅军队，周王忙派人前去慰劳他，而庄王则问鼎之小大轻重，表明了他有灭周的野心。后人因此将图谋争夺政权称为"问鼎"。

大名鼎鼎的"鼎"

中国国家博物馆里，一尊叫作后母戊鼎的青铜器陈放在青铜厅内，这个鼎因体形庞大、纹饰精美细腻而举世闻名，是我国目前已出土的最负盛名的四足方鼎，吸引了无数前来参观的人驻足观赏。后母戊鼎是迄今为止出土的最大的青铜鼎，被人称作"国之象征"。但是，后母戊鼎远没有"国之重器"夏王九鼎有历史价值。可是夏王九鼎到底在哪儿呢？

九鼎之谜

如今，出土的商、周时期的青铜鼎不在少数，但夏朝时期的青铜鼎至今还没有被发现过。因此，有人怀疑，夏朝时期真的制造过青铜鼎吗？

也有人反驳，在夏代以前的原始社会的遗址中，就曾发现过铜器。位于河南偃师的二里头遗址，就曾出土过形状各异的铜器，除此以外，考古人员还发现了铜渣、陶范和坩埚片等，这足以证明夏朝是完全有能力制造出青铜器的。也就是说，单从技术层面上来看，九鼎在夏朝是能够被制造出来的，不能因为

后母戊鼎

迄今为止没有出土过夏朝的青铜鼎就否认九鼎的存在。

不少学者认为当时的人们应该已经掌握了青铜鼎的制造方法，否则，如果连一件普普通通的青铜鼎都制造不了，就更不用说制造精美、制作工艺要求较高的九鼎了！

如果九鼎存在，它们又流落到了哪里？关于九鼎的下落，史籍中的说法并不统一。《史记·秦本纪》中记载，九鼎被秦昭襄王掠走，《汉书》的说法与《史记》差不多，但是，究竟哪种说法是正确的，目前尚不得而知。

九鼎是华夏文明的代名词，如果夏王九鼎能够重见天日，中华民族的文明史可能会更精彩。

大禹

和氏璧究竟去了何方

和氏璧是中国历史上著名的美玉，被奉为"无价之宝"，有关它的传说数不胜数。令人遗憾的是，和氏璧已经失传了上千年，现在，我们只能通过有限的历史记载来想象它的样子了。那么，和氏璧究竟去了哪里？它落入了何人之手呢？

和氏璧"出世"

《韩非子》中记载，楚国人和氏在楚山（即今之荆山）得到一块璞玉。和氏捧着璞玉去给楚厉王看，厉王命玉工查看，玉工却说这只不过是一块石头。厉王非常生气，便以欺君之罪命人砍下和氏的左脚。厉王死后，武王即位，和氏再次捧着璞玉去见武王，武王又命玉工查看，玉工仍然说和氏拿来的只是一块普通的石头，和氏因为同样的原因又失去了右脚。武王死后，文王即位，和氏抱着璞玉在楚山下痛哭了三天三夜，后来眼睛里流出来的已经不再是泪水，而是血水。文王听说这件事情后，便派人询问和氏为什么这么伤心。和氏说："我痛哭流涕并不是因为我被砍去了双脚，而是因为宝玉被当成了石头，忠贞之人被误认为欺君之徒，明明没有罪还要受到刑罚和侮辱。"于是，文王命人剖开这块璞玉，发现里面果真是一块稀世之玉，便将其命名为和氏璧。从此，和氏璧成为了楚国的镇国之宝。

和氏献玉

神奇经历

楚国人和氏献玉之后，和氏璧又辗转到了赵国，落在赵王手中。秦王得知，派使者前去赵国，提出以城换璧，引出了著名的"完璧归赵"的故事。公元前228年，秦国大军攻占赵国，赵王投降，献出了和氏璧，和氏璧最终还是落到了秦国的宝库之中。但从此以后，和氏璧便从历史记载中消失得无影无踪了。

和氏璧到底流落到了哪里呢

玉璧

有一种说法认为：秦始皇统一中国后，用和氏璧制成了传国的玉玺，上雕"受命于天，既寿永昌"八字，希望秦国能够永久昌盛。传国玉玺历经刘邦、王莽、司马炎之手，一直传到后唐，石敬瑭灭后唐，后唐李从珂人焚，传国玉玺从此下落不明。

不过，历史文献中关于秦国传国玉玺的来龙去脉记载得比较详细，指明玉玺是用蓝田玉制成的，因此用和氏璧制成传国玉玺的说法值得怀疑。

目前，关于和氏璧的最终下落还有两种推测：一种认为和氏璧被作为随葬品埋在了秦始皇的陵墓内。如果是这样，当秦始皇陵墓地宫被考古工作者完全发掘之后，我们还有机会一睹和氏璧的风采。另一种推测认为和氏璧可能在秦末战争中遗失，或被项羽夺去。秦末，项羽率兵进攻咸阳，焚烧秦宫殿，挖掘秦陵墓，掠夺宝物、美女，和氏璧可能就在其中。但在随后而来的楚汉战争中，项羽兵败，又使和氏璧下落不明。它或许藏在项羽的都城彭城（今江苏徐州），或许被遗落在项羽的兵败之地——垓下（在今安徽）。

和氏璧是中国历史上非常著名的一件无价之宝，它到底是什么样子的？它现在在何处？在漫漫历史烟云中，这已成了千古之谜。

西施最终归宿之谜

>> XISHI ZUIZHONG GUISU ZHI MI

西施，春秋时期越国人，我国古代四大美女之首（另外三位是王昭君、貂蝉、杨玉环）。关于这位绝色美女的最终归宿，有多种说法，成为千古疑问之一。

为国献身

西施是春秋时期的越国人。当时，越国称臣于吴国，越王勾践卧薪尝胆，想要光复越国。在国难当头之际，西施忍辱负重，被越王勾践献给吴王夫差。吴王夫差非常宠爱西施，对她言听计从，放松了对越国的警惕，最后被勾践打败。但奇怪的是，当吴王夫差被打败，勾践重新崛起之时，西施却神秘地失踪了。

与恋人大隐于市

吴国灭亡后，西施究竟去了哪里呢？民间流传的说法是：吴国灭亡之时，西施的恋人范蠡匆匆赶到吴宫深处，将西施救出，然后两人从太湖乘船逃走。从此以后，范蠡化名陶朱公，经商致富，两人远离国家的政治斗争，过着平凡人的生活，福寿双全而终。

太湖

西施故里

关于西施和范蠡的爱情故事，明代戏剧家梁辰鱼的《浣纱记》中也有相关描述：范蠡到若耶溪游玩，偶遇了正在浣纱的西施，两人一见钟情，私下订了白首之约。不久，吴王领兵攻打越国，越军节节败退，最后守城失败，越王勾践做了俘虏，范蠡也到吴国做了奴隶。三年以后，勾践夫妇和范蠡返回越国。勾践力图报仇雪耻，便采用了范蠡所献的美人计，把西施献给了吴王夫差。夫差一见西施，立刻被西施的容貌迷倒，从此以后不理朝政，最后被越国灭掉。勾践成功之后，正要论功行赏，范蠡却不愿做官，接走西施，从此两人隐姓埋名，过起了平

静的生活。

不过，很多学者对这样的结局提出质疑，认为范蠡和西施美好的爱情故事只是人们的美好愿望。根据史书《吴越春秋》记载，吴国灭亡后，足智多谋的范蠡深感自己处境不妙，在写给文种的信中，他说："鸟尽弓藏，兔死狗烹。越王这个人，可以跟他共患难，不可以与他共安乐。"于是，范蠡在一片复国成功的欢呼声中向越王告辞，越王不准，并且威逼利诱："你要是留下，我们俩共同统治国家；你要是离开，你的妻儿就会性命不保。"百般衡量之下，范蠡毅然对勾践说："我自己的性命都不保了，哪里还管得了妻儿！我去意已定，告辞了。"之后，范蠡乘一叶扁舟，飘然而去。由此段记述可知，西施并没有随他而去。

身沉大江

《墨子·亲士》对西施的死因则另有记载："西施之沈，其美也。"在古代，"沈"同"沉"，而这里的"沈"字，讲出了西施的死因。从当时的情形来猜测，当越兵攻入吴都城的时候，吴王夫差还想把西施带走，但西施终于盼来了

自己国家的人，不愿意追随吴王，便留在了宫中。越国军队攻入吴王的宫殿后，越王勾践带走了西施。

可是，勾践的夫人害怕自己的丈夫也被西施的美貌所迷惑，便决定暗中除掉西施。当大家乘船渡江回归越国的时候，勾践的夫人将西施骗到船尾，命力士将她绑在一块大石头上，把她和石头一同扔入了滚滚江水之中。就这样，西施的生命结束了。

令人不解的是，在以严肃信实著称的《史记》中，与越国有关的《越王勾践世家》与《货殖列传》这两篇文章中都没有提到西施。司马迁为什么对这个在当时的政局中起着重要作用的女人只字未提？这一点令人十分费解。一代佳人西施的结局众说纷纭，她是被沉于江，还是跟随范蠡归隐于市井？或是有其他结局？这个千古之谜还需要人们继续探索考证。

越王勾践剑之谜

1965年冬天，湖北省荆州市附近的望山楚墓群中，出土了一把青铜剑。专家通过对剑身8个鸟篆文的解读，证明此剑就是传说中的越王勾践剑。

🌀 不锈之谜

这把越王勾践剑，无论是从外形，还是从质料搭配来看，都无疑是我国青铜兵器中罕见的珍品。而且，这把宝剑在古墓中"埋藏"了两千多年，被发现时却依然锋利无比，剑身也不见锈迹，这其中的奥秘是什么呢？

为了解开勾践剑千古不锈之谜，科学家们进行了大量的实验，希望在越王勾践剑所含的金属成分上找到答案。经过化验取证，人们得知宝剑的含铜量为80%～83%，含锡量为16%～17%，宝剑是由铜、锡以及少量的铝、铁、镍等铸成的。同时，宝剑剑身上的黑色菱形花纹是经过硫化处理的，剑刃的精磨度可与现代磨床相媲美。除此之外，因为剑的各个部位作用不同，铜和锡的比例也不一样：剑脊含铜较多，这样可使宝剑足够结实，不易折断；刃部含锡较多，硬度大，使剑非常锋利。

通过进一步的研究，科学家们发现越王勾践剑千年不锈的主要原因在于剑身上被镀上了一层含铬的金属。即使在今天看来，这项工艺也没有那么简单。大家知道，铬是一种极耐腐蚀的稀有金属，十分不易提取。再

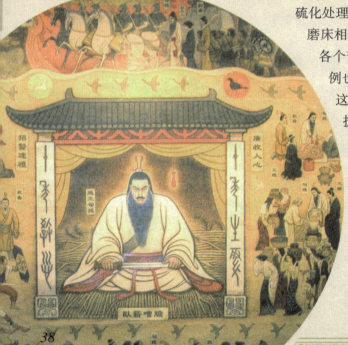

者，铬还是一种耐高温的金属，它的熔点大约在1857℃。所以，越王勾践剑不但不易腐蚀，而且也耐高温。

此外，越王勾践剑出土时紧插于剑鞘内，有剑鞘的保护，又处于含氧量甚少的中性土层中，它与外界基本隔绝，这也是它千年不锈的重要原因。

"漂泊"之谜

但是，这把越王勾践自用的宝剑，为什么会出现在一座楚墓之中呢？常见的说法有以下两种。

第一种，越王勾践的宝剑可能是作为陪嫁品流入楚国的。根据相关史书记载，楚越两国的关系自越王允常时期开始就很亲密，两国曾互为盟友，楚昭王还曾娶越王勾践的女儿为妻，生下了楚惠王。因此，勾践这把珍贵的青铜剑有可能是女儿出嫁时的陪嫁品，随勾践的女儿到了楚国，直至现代，被人发现。

第二种，这把宝剑也可能是楚军的战利品。在楚威王之前，楚国和越国的关系还很亲密，可之后两国的关系渐渐疏远，甚至发生战争，最后楚国竟然把越国灭掉了。所以有人认为，这把珍贵的青铜剑是在楚王灭越国的战争中被楚军缴获的，然后作为战利品流入了楚国，之后，又被作为陪葬品埋入地下。

不过这两种说法都没有有力的证据进行证明。

关于这把越王勾践自用的宝剑是怎样流入楚国的，到底是楚越友好时期的赠品或陪嫁品，还是战争时期的战利品，已成为中国历史上又一个未解之谜。

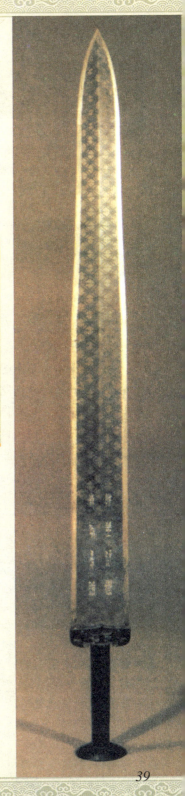

徐福东渡之谜

>> XU FU DONG DU ZHI MI

徐福是一位生活在秦朝的著名方士。据说，他博学多才，通晓医学、天文、航海等知识，并为秦始皇出海寻找长生不老之药。目前所知，最早记录"徐福东渡"这件事的史书是司马迁的《史记》。那么，徐福东渡的目的是什么？徐福最后又去了哪里呢？

秦始皇与徐福

徐福为什么要东渡？关于这个问题，不同的历史学家有着不同的见解。大多数历史学家认为，徐福东渡的目的正如《史记》上明确记载的那样，就是为秦始皇寻找长生不老之药。

《史记·秦始皇本纪》中说，秦始皇吞并六国、统一全国后，位高权重，最盼望的就是长生不老。这时，徐福上书给秦始皇，称海中有蓬莱、方丈、瀛洲三座仙山，山中有神仙居住，如果寻访到神仙，就可能得到长生不老之药。秦始皇信以为真，便耗费巨资，派徐福率领童男童女数千人，入海求仙。不过，徐福率众出海数年，并未找到仙山，也没有找到长生不老之药，只好无功而返。

《史记·淮南衡山列传》的说法与前面所说稍有不同，称徐福寻药未果，回来后欺骗秦始皇说自己见到了海中大神，但海神嫌礼物太少，因此并没有给他长生不老之药。于是，秦始皇命徐福率"男女三千人"和"百工"，携带"五谷"，乘船泛海东渡。徐福是迄今有史记载的东渡第一人。

寻药、避祸还是开拓疆土

可是，最后秦始皇没有得到长生不老之药，而徐福也没有回到秦朝。他带着数千人的队伍，长途跋涉，最后去了哪里呢？

正由于徐福最后并没有回到秦朝，所以有的学者认为徐福东渡的真正目的不是为了寻药，而是为了避祸。

徐福欺骗秦始皇，第二次出海，并不是要为秦始皇寻找长生不老之药，而是他对秦始皇的统治不满，并曾提出过不利于秦始皇的言论，他害怕秦始皇的惩治，便以寻找丹药为由，出海东渡，想逃离秦始皇的控制，再也不回秦朝了。最后，秦始皇一直等不到徐福回朝的消息，便大发雷霆，诛杀了与徐福相关的其他方士。

还有一些历史学家认为，徐福东渡是打着寻药的幌子，实施开发海外疆土的政策。以秦始皇的雄才大略，绝不会轻信长生仙药之说，他派徐福出海，可能跟海外开发有关。《吕氏春秋·为欲篇》指出了秦国统治者的理想："北至大夏，南至北户，西至三危，东至扶木，不敢乱矣。"其中提到的"扶木"就是"扶桑"，也就是现在的日本。秦始皇一再派徐福等入海寻找三神山，或许不是单纯为了找神药，而是为了把东方疆土开拓至今天的日本。

东渡终点之谜

徐福出海东渡，其终点是什么地方？这个问题也是众多历史学家想要解开的谜。

大多数历史学家认为，徐福东渡最后到达的终点是日本，有人甚至提出，徐福到日本后建立了日本王朝，徐福就是日本的国父——神武天皇。《史记》记载徐福"得平原广泽，止王不来"。也就是说，徐福最后到了一个水草丰美的地方，自立为王，再也没有回来。同时，日本保存着不少关于徐福的历史遗迹，如新宫市的徐福公园，九州佐贺县的"徐福上陆地"纪念碑、徐福的石冢、徐福祠等。这些都是徐福在日本生活过的证据。

但是有些历史学家并不赞同以上的说法，提出了反对意见。他们认为徐福东渡是历史事实，但最后的终点是美洲——徐福东渡的时间与美洲玛雅文明的兴起时间相吻合，在美洲还留有许多与中国相关的历史遗迹。

徐福东渡的目的到底是寻药，还是避祸？他最后是去了日本，还是到了美洲？想要解开这些未解之谜，还需要人们进一步探索、发现。

秦始皇真的"坑儒"了吗

秦始皇"焚书坑儒"是一段非常残酷的历史,不少史籍都对这件事进行了描述,不过让人感到不解的是,各类书籍只对"焚书"作了详细记载,对"坑儒"一事却叙述得模模糊糊。秦始皇"坑儒"这宗历史事件,是否真的发生过呢?

"焚书坑儒"的始末

秦始皇统一六国以后,采取了一系列措施加强中央集权。在完成政治上许多举措之后,秦始皇开始着手加强精神上的控制。公元前213年,秦始皇在咸阳宫大设酒宴。在宴会上,众多儒生围绕着是否实行分封制,发生了激烈的争论。淳于越等人主张实行分封制,而丞相李斯赞同实行郡县制,并指责对方"不师今而学古""道古以害今"。最后,秦始皇支持李斯的观点,并采用李斯的"焚书"建议,下令除秦朝的典籍、医药、卜筮、农书以及国家博士所

坑儒谷

藏《诗》《书》、诸子百家书之外,凡列国史籍、私人所藏的诸子百家著作和其他典籍,统统焚毁。同时,他下令禁止谈及《诗》《书》中所涉及的内容,更不允许"以古非今",违者定当严惩。这就是"焚书"事件。

而"坑儒"事件是由畏罪潜逃的术士引起的。

秦始皇十分迷信方术,到处寻找长生不老的方法,先后派徐福、侯生、卢生等人寻求仙药。徐福这些人是秦始皇身边的方士,长期为秦始皇求仙问药,却始终没有找到。因为害怕被降罪,侯生、卢生悄悄地远走他乡。这使秦始皇十分恼怒,便下令对所有在咸阳的方士进行审查讯问,想要找出这些人的下落。最后,秦始皇把相关人员挖坑活埋了。

秦始皇到底坑过多少人

另外，"坑儒"的次数和"坑儒"的数量上也有争议。在"坑儒"的次数上，有的历史学家认为只有一次，有的却说一共有两次；对于"坑儒"的数量，有的人说秦始皇大概活埋了460多个人，有的人却说埋了1600多人。

有些史书只记录了秦始皇坑杀侯生、卢生的同党的事情，不过也有一些史书记录了第二次"坑儒"事件。事情是这样的：秦始皇以骊山冬季瓜熟的奇异现象为由，将许多学士带到骊山去观看。当大家为"冬季瓜熟"这件事争论不休、各抒己见的时候，秦始皇却趁机下令，让埋伏在周围的士兵立即埋土。就这样，700多名儒生全部被活埋在山谷里。由于这件事情是秘密进行的，所以大多数人并不知情，直到200多年之后，才有人在史书上记录此事。

"坑儒"属于一种极端残忍的野蛮行为，秦始皇因为"坑儒"之举，背上了千古骂名。但"坑儒"这个历史事件的真相，真的像史书记载的那样吗？为什么会出现受害对象前后不一、受害者数量记载不一致的现象呢？这还有待进一步探索、研究。

秦朝十二铜人今何在

▶▶ QINCHAO SHIER TONGREN JIN HEZAI

公元前221年，齐国国王田建投降秦国。秦国结束了诸侯征伐的局面，嬴政完成了一统天下的霸业，他自己也成为了中国历史上第一个皇帝，自称"始皇帝"。作为千古一帝，秦始皇做了很多了不起的大事，也给后世留下了很多谜案，十二铜人就是其中之一。

十二铜人因何而来

秦始皇称帝之后，希望天下长治久安。为了防止人民造反，他下令收缴全国的兵器，把它们熔化，铸造成十二个铜人像。秦始皇命人把十二个铜人立在阿房宫的前殿，意在昭告百姓，战争结束，天下将永远统一。

十二铜人数量的玄妙之处

根据史书记载，秦朝十二铜人背后刻有铭文，铭文还是由当时最具盛名的李斯和蒙恬撰写的。由此可以推断，十二铜人的铸造属于国家级别的大事。作为对国家统一具有纪念意义的器物，十二铜人在造型、图案、尺寸等细节上都应该有严格的规定，并且有它们特定的寓意。

古时候的人们，把大地分为东西南北四个方向，每个方向再分出两个方向，这就是"四面八方"的由来。而"四面八方"加起来等于十二。另外，当时人们把大地分成十二地支，这又与"四面八方"不谋而合。可见，"十二"这个数字代表的是统一的大地，而大地，不正是天下吗？代表的不就是秦始皇的大秦王朝吗？因此，十二铜人代表的是天下统一。

另外，一年包含了十二个月，时间的车轮年复一年，循环往复地前行着，代表了大秦王朝的统治千秋万代。

两种说法合而为一：天下统一，千秋万代。这就是十二铜人数量的玄妙之处。换句话说，十二铜人，应该是中华民族历史上第一座纪念和平统一的丰碑！

十二铜人的去向

如今，人们关注的焦点似乎并非是"十二铜人是怎么来的"，而是"十二铜人现在在哪里"。十二铜人的去向成了一个谜。

有的学者认为，西楚霸王项羽攻克咸阳之际，一把火烧毁的不仅是华丽的阿房宫，还有十二铜人。

也有学者认为，秦始皇生前十分喜爱十二铜人，在秦始皇陵建造完毕之后，十二铜人连同其他精美的随葬品一起被永远地埋在了陵墓之中。由于技术等方面的原因，秦始皇陵墓的发掘工作至今还没有完成，因而十二铜人是否藏在其中，我们不得而知。

还有的学者认为，东汉末年，董卓率领士兵攻入长安后，销毁了其中的十个铜人，用于铸造铜钱，而剩下的两个铜人则被迁入长安城中。到了三国时期，魏明帝下令，将仅存的两个铜人运往洛阳，后因铜人太重，运送到中途的时候就终止了。东晋十六国时，铜人被后赵的石季龙运送到了邺城。后来，前秦时期的秦王苻坚统一了北方，命人把这两个铜人从邺城运回长安销毁，至此，十二铜人经历了大约600年的时间，全部被销毁。

十二铜人今何在？它们的去向问题成为秦始皇留给后世之人难以解答的谜题之一。

项羽不肯过江东之谜

❝生当作人杰，死亦为鬼雄。至今思项羽，不肯过江东。"项羽是中国历史上的一代霸王，关于他的传说数不胜数，其中他自刎乌江边的故事最为慷慨悲壮，在民间流传也最为广泛。人们对项羽宁为玉碎、不为瓦全的英雄气概做出高度评价。可是，项羽当年为什么选择了自刎，而不是过江呢？几千年来，关于这个问题的争论一直不休不止。

自愧而亡

　　最广泛的说法：项羽因为兵败，自觉无脸面见江东父老而自杀。楚汉战争中项羽被刘邦打败后，项羽带领一支人马突出重围，来到乌江江畔，这时乌江亭长劝项羽赶快渡江，以图东山再起、报仇雪恨，可是项羽却笑着说："上天要我灭亡，我还渡江干什么？况且项籍（项羽名籍）和江东子弟8000人渡过大江，今天却只剩下这些人。即使江东父老怜悯我，让我称王，我又有什么脸面去见他们呢！"然后拔剑自刎。这种说法出自太史公司马迁，司马迁生活的年代与项羽死亡的年代较为接近，因而这种说法流传最为广泛，后世关于项羽自刎的传说大多源于此。

戏曲中的项羽形象

拯救百姓的英雄

还有一种说法认为项羽自杀是想结束战争，消除因战乱而给百姓带来的痛苦。在楚汉战争中，刘邦和项羽僵持不下，老百姓过不了平静安稳的生活，而随军的士兵更是受尽了战乱之苦。于是项羽想通过两个人的决斗一决胜负，不要再让天下百姓跟着受苦。最后他甚至想牺牲自己的利益来换取刘邦的让步，以鸿沟为界两分天下。但是刘邦却违约出兵追杀楚军。项羽率残兵败将突出重围来到乌江时，想到渡江以后还要卷土重来，重新进行一次楚汉战争，那将会给百姓带来更大的灾难，于是他宁愿选择牺牲性命来结束延续数年的残杀，还百姓一个太平世界。

自刎是一种误传

还有一种说法，认为项羽并非在乌江"自刎"，而是在今天的定远就被"搏杀而死"。在《史记》《汉书》关于项羽之死的描述中，除了《史记·项羽本纪》"于是项王乃欲东渡乌江，乌江亭长檥船待"中有两处涉及乌江外，其余无一处写到项羽于乌江自刎，反倒是《汉书·陈胜项籍传》明确提到：项羽身死东城"，《史记·高祖本纪》提到"使骑将灌婴追杀项羽东城"等。而学者经过实地查勘考证，东城，就在今天的安徽定远县，离乌江有约120千米，二者并不属于一个地域范围。至于《史记》中两处涉及乌江的记述，一些史学家认为是司马迁记叙上的错误，并导致了后人以讹传讹。

但这种观点遭到许多学者的反对。据多方考证，在楚汉战争时期，东城是一个范围广阔的行政区域，乌江是包括在东城之内的，因此司马迁所说的"身死东城"与"乌江自刎"并不矛盾，而是他为避免同义反复而使用的描写方法。

项羽为何不渡乌江？两千多年来，无论是文人骚客，还是历史学家都给予极大的关注，但至今难有定论。

刘备真的"三顾茅庐"了吗

> **"** 三顾茅庐"是由汉末刘备三次请诸葛亮出山辅佐自己的典故发展而来的成语，后来这个成语成了求贤若渴、礼贤下士的代名词。但是，人们对于"三顾茅庐"这一事件，还有许多疑问，刘备真的"三顾茅庐"了吗？

历史谜题

在《三国演义》中，作者罗贯中详细地描述了刘备"三顾茅庐"的故事，可是正史《三国志》对于刘备"三顾茅庐"这件事却仅用"凡三往，乃见"几个字就概括了。此外，同时代的其他史书对这一事件却有截然相反的记载——诸葛亮是毛遂自荐的，如此看来，或许根本没有刘备"三顾茅庐"的说法。几部史书中的不同记录与描述，让历史学家们困惑不已，那么流传千古的刘备"三顾茅庐"到底是真是假呢？

蜀主刘备像

正方："三顾茅庐"证据确凿

在罗贯中所著的《三国演义》中，对刘备和诸葛亮第一次见面前的记载是这样的：

当时，刘备带领军队驻扎新野。徐庶去曹操处之前，对刘备说："襄阳城外二十里的隆中有一个奇士，您何不请他来辅佐您？"刘备说："那你就为我请他过来吧。"可徐庶却拒绝了刘备的要求，说："此人不能委屈他，您要亲自前去求取他。"于是，刘备亲自去拜访诸葛亮，前两次去拜访的时候，诸葛亮都没有在家，直到第三次的时候，两个人才得以相见。

诸葛亮在自己写的《出师表》中，也明确提到："先帝不以臣卑鄙，猥自枉屈，三顾臣于草庐之中……"这几句话证明了刘备"三顾茅庐"这件事是确实发生过的。

如果说《三国演义》是历史小说，其中有虚构的成分，《出师表》是诸葛亮自己的文章，有自夸的行为，那么正史《三国志》中提到的刘备"凡三往，乃见"又如何解释呢？尽管《三国志》中对刘备三次寻访诸葛亮的过程描写得很简单，但是却详细记录了刘备第三次探访时与诸葛亮论天下形势的内容。而刘备当时确实急需人才。所以，无论是从史实上来看，还是从情理上来看，刘备"三顾茅庐"的故事还是可信的。

那么，"三顾茅庐"的真实过程是怎样的呢？它是不是真如小说中所叙述的那样呢？

刘备"三顾茅庐"，是去了三次只见到一次，还是去了三次见了三次？由《三国志》的"凡三往，乃见"来看，刘备很可能不止去了三次。因为在古书里面，"三"可以表示"很多"的意思，所以刘备也可能去了多次。正是在多次讨论天下形势的过程中，两人相互了解，产生了信任，才有了后面的事情。

反方："三顾茅庐"只是虚构的故事

"三顾茅庐"这个典故，多记载于《三国志》与《三国演义》中，而另外两本历史著作《魏略》中，却有截然不同的说法，也就是诸葛亮"毛遂自荐"说。

当刘备屯兵于樊城时，曹操已统一黄河以北。诸葛亮预见曹操马上就要对荆州发动进攻，同时诸葛亮也知道荆州刘表性情懦弱，不晓军事，根本无法与曹操的大军相抗衡。于是，诸葛亮主动前往，拜见刘备，可刘备却因为诸葛亮年纪小，根本不重视他。不过，当刘备听到诸葛亮对当今政局的见解之后，对他刮目相看，用对待上客的礼节来对待他。

由此看来，刘备"三顾茅庐"可能是虚构的故事。

到底是刘备"三顾茅庐"，邀请诸葛亮出山，辅佐自己成就帝业，还是诸葛亮毛遂自荐，主动要求为刘备出谋划策呢？这个历史上的不解之谜，还需要更多历史材料来证明，才能得出让人信服的答案。

武则天为何给自己立无字碑

武则天，作为中国历史上第一个，也是唯一一个正统的女皇帝，14岁入宫，66岁登上皇位，成为九五至尊。她的一生堪称传奇，也为我们留下了无数的不解之谜，其中最著名的一个，就是她为自己立的无字碑。

武则天画像

🌀 千古女帝的归宿

公元705年，一代女皇武则天离开了人世。武则天希望把自己的牌位放到李唐皇室的宗庙中，并且主动要求与丈夫李治也就是唐高宗合葬于乾陵。

乾陵位于今天陕西省咸阳市乾县的梁山上，是唐十八陵中最壮观的一座陵寝，也是唯一的一座夫妇均为帝王的合葬墓。

乾陵南门外排列着大小各异的石刻像，还有两块高大雄浑的石碑对称分布，位于西面的石碑，叫作"述圣记碑"，这块石碑由武则天撰文，唐中宗书写，歌颂了唐高宗的功绩。与之相对的东面，则是属于武则天的无字碑。

无字碑取材于一块完整的巨石，碑额有八龙垂挂，碑两侧各有一幅《升龙图》。碑座阳面刻画的是一幅《狮马图》。马屈蹄俯首，悠游觅食；雄狮昂首怒目，威严挺立。无字碑，雕

刻精细，高大雄浑，为历代碑中巨制。

武则天为何自立无字碑

千百年来，人们对武则天无字碑的猜测从来没有断绝过，大致有以下几种说法：

一是"功大无须说"。无字碑是武则天用来夸耀自己功德无量的工具，意在表达自己的功德已经无法用语言来形容。

二是"自知罪孽深重不便说"。以封建正统论的观念来看，武则天立无字碑，是她深刻自我反省后的结果。她自认罪孽深重，愧对李唐祖先，因此无法立碑述罪。

三是"功过是非留给历史评论"。武则天能取代李氏家族，建立大周，才智可见一斑。她更是一个聪明人，深知自己的一生，世人会有不尽相同的评价，因此留下无字碑，将自己的功过，留给后人评说。

四是"称谓不一无法说"。还有少数人认为，武则天与唐高宗合葬于乾陵，如何称呼自己，难以落笔，但这又是无法回避的事实，因此，她才决定立座无字碑。

以上说法，各有各的道理。直到现在，人们也无法猜透一代女皇武则天立无字碑的真正用意。哪一种说法最符合她真实的想法呢？这是武则天留给人们的一道谜题。

杨贵妃魂归何处

▶▶ YANG GUIFEI HUN GUI HECHU

"后宫佳丽三千人，三千宠爱在一身"，这是白居易《长恨歌》中的诗句，诗中的这个集三千宠爱于一身的绝代佳人，正是中国古代四大美女之一的杨贵妃。可是这位贵妃的最终下落，却是历代学者也无法说清的一个谜团。

千年前的蹊跷命案

公元755年，"安史之乱"爆发，安禄山在范阳（治今北京）起兵。第二年，叛军攻破了潼关。这个消息传到长安，长安上下一片惊慌，唐玄宗不得不带领众妃嫔和贴身侍卫逃出皇宫。逃亡的队伍行进到位于陕西境内的马嵬时，随行的将士饱受疲惫与饥饿的折磨，突然停止行进，发生了暴乱，杨贵妃的兄长、宰相杨国忠在这场暴乱中丢了性命。但杨国忠的丧命并没有熄灭将士们的怒火，他们把愤怒的矛头指向了杨贵妃。他们认为，他们受的苦，都是杨贵妃蛊惑唐玄宗造成的，因此，他们要求唐玄宗处死杨贵妃。70多岁的唐玄宗为了安抚愤怒的将士，只能忍痛赐死杨贵妃。

后来，平息了安史之乱、回到长安的唐玄宗，密令宦官改葬杨贵妃。可是，派去的人似乎并没有找到杨贵妃的遗体。

对于这段历史，《新唐书》和《旧唐书》中的记载有所出入。《旧唐书》中记载："肌肤已坏，而香囊仍在。"而《新唐书》中并没有提到遗体，只提到："香囊犹在。"两本史书记载的差异，让人们不禁追问：杨贵妃的遗体去了哪里？

美人归处

《新唐书》与《旧唐书》的不同记载，让人们对杨贵妃遗体的去向提出了质

疑，而早在之前，白居易所作的《长恨歌》的"马嵬坡下泥土中，不见玉颜空死处"两句，似乎暗示着杨贵妃根本没有被处死。

假设杨贵妃没有离世，那么她去了哪里呢？有人说杨贵妃逃亡到了日本，这一说法，得到了一部分中日学者的认同。据说，命丧于马嵬的是杨贵妃的一个侍女。当时，禁军将领陈玄礼被杨贵妃的美貌所吸引，不忍绝世佳人就此香消玉殒，因此，设计让侍女代替杨贵妃赴死。而杨贵妃则跟随陈玄礼的亲信辗转到了日本。最后，杨贵妃终老日本，葬在今天日本的二尊院内，直到现在，当地还有一座杨贵妃墓。

杨贵妃魂归何处？众说纷纭。不管怎样，经过一千多年的积淀，"杨贵妃"已经成为大唐盛世颇为形象的代名词，而杨贵妃的生死之谜，同样值得后人继续探究。

"烛影斧声" 与宋太祖之死

▶▶ "ZHUYING FUSHENG" YU SONGTAIZU ZHI SI

赵 匡胤，宋朝开国皇帝，史称宋太祖。公元976年，赵匡胤一夜之间突然离世。宋太祖赵匡胤的离奇死亡成为中国历史上的一桩悬案。

◉ 烛影斧声，雪夜谜案

宋太祖像

公元976年的一个夜晚，大雪纷飞，太祖赵匡胤急召他的弟弟赵光义入宫，兄弟二人在赵匡胤的寝宫中喝酒畅谈。二人谈话的内容谁也不知道，侍从们只是远远地透过烛光的照射看到人影晃动。当他们喝完酒的时候，已是深夜了，可是赵匡胤并没有安安静静地去休息，而是酒性大发，突然手拿玉斧在雪地上乱砍，同时大声喊道："好为之！好为之！"当夜，赵光义留宿宫中。第二天清早，太祖被发现死于寝宫，弟弟赵光义接受遗诏，在太祖的灵柩前继位。这就是"烛影斧声"谜案。

这宗雪夜谜案被北宋僧人文莹记载在其笔记体野史《湘山野录》中。

赵匡胤为什么会突然离世？病中的赵匡胤为什么会在夜深人静的时候，冒雪舞斧？按照宫廷礼仪，赵光义不能留宿宫中，但为什么他偏偏在这个时候无视这条宫规？更蹊跷的是，当晚宫女和太监没有如同往日一般，按照规矩侍奉在皇帝左右，而是全都离开了……这种种疑点，到底在向人们诉说着什么？

◉ 金匮之盟

两千多年来，封建君主的更替沿袭的是父子相承制度，只有在特殊情况下，皇位才传于他人。据说，赵匡胤的母亲杜太后在病危之际，对赵匡胤说，他之所以能够得天下，是因为后周的皇帝年纪太小，无法凝聚众心。假若后周的皇帝继位时处于壮年，那么，天下就不一定会为赵匡胤所有。杜太后认为，赵匡胤与赵光义都是她的儿子，只有赵匡胤把皇位传给弟弟，宋朝才能长久不衰。赵匡胤也

同意了杜太后的观点，宰相赵普记下了赵匡胤传位于赵光义的誓词。这段誓词被封在了金匮之中，这就是历史上著名的"金匮之盟"。

据说，当夜赵匡胤去世之后，只有皇后和内侍王继恩陪在身旁，宋皇后命王继恩把皇子赵德芳传进宫来。基于金匮之盟，王继恩自作主张地叫来了赵光义。宋皇后看到赵光义惊诧不已，但也毫无办法。

按照"金匮之盟"之说，赵光义是名正言顺地当上皇帝的，并没有弑兄。

🔅 无法平息的质疑之声

赵光义会冒着弑兄的罪名夺取皇位吗？

即便有"金匮之盟"，但是，赵光义登基之后所做的一些事情，无疑加深了人们的怀疑。

赵匡胤的次子赵德昭曾带兵北伐。鉴于士兵们浴血奋战的辛苦，德昭便向赵光义提出对出征的将士予以嘉奖，谁知，赵光义勃然大怒，说："等你自己做了皇帝，再赏也不迟！"德昭思前想后，又惊又怕，于是自刎。

不仅世人对赵光义的继位心生怀疑，就连他的后世子孙也怀疑他的皇位来得不明不白。宋高宗赵构的儿子早夭，谁来继承皇位成了难题。朝中大臣提议，从赵匡胤的后代中选择接班人。起初，赵构并不同意，可是有一天，赵构改变了主意。据说，他的改变源于一个梦。在梦中，赵构被赵匡胤带到"万岁殿"中，看到了"烛影斧声"的全部过程。赵匡胤对赵构说，只有把皇位重新传给他的子孙，国运才会有转机。对于这个梦，赵构深信不疑，于是，他找到赵匡胤的七世孙赵昚，把皇位传给了他。

不过也有学者认为，太祖可能不是死于弟弟之手，他一向爱喝酒，很可能是死于我们今天常见的脑溢血之类的急病。

这个千古之谜不知何时才能解开。

建文帝下落之谜

>> JIANWENDI XIALUO ZHI MI

建文帝朱允炆是明朝第二位皇帝，也是明太祖朱元璋的孙子。建文帝做皇帝的时候，实施了一系列宽仁政策，同时逐渐削弱各个藩王的势力。后来，属于藩王之一的燕王朱棣发动了兵变，带领军队攻入了京师（今南京）。此后建文帝朱允炆便下落不明。这是中国历史上的谜案之一。

历史疑案

燕王朱棣发动兵变之后，和朝廷的军队打仗打了4年之久，最后由谷王朱橞、曹国公李景隆打开金川门，迎接燕军进入南京。偏偏在这个时候，皇宫里燃起了熊熊大火……朱棣派人在宫里到处搜寻，宦官、宫女死的死，逃的逃，场面十分混乱。

燕王派人搜寻的是谁呢？就是建文帝。可是，兵士在宫里搜寻了两天却没有找到建文帝，只在大火焚烧后的残砖断瓦当中拖出几具尸体来，有人指证其中一具就是建文帝的尸体。那么，瓦砾中拖出的究竟是不是建文帝的尸体呢？当时的老百姓似乎不愿意相信深受爱戴的建文帝就这样被大火烧死了，从此关于建文帝的下落，民间流传起各种各样的传说。后世的学者也发现，明朝的史书中对于这段历史的记载也是模模糊糊的。那么，建文帝是否逃过了那场大火？他又去了哪里？历史的真相究竟是什么呢？

方孝孺像，他因拒为燕王朱棣草拟即位诏书，成为中国历史上唯一一个被"诛十族"的人

焚死说

《明太宗实录》中说建文帝是自焚而死，而成祖（也就是当时的燕王）为了表达自己的悲痛心情，为建文帝安排了很隆重的葬礼，除此之外，还放假三天不办公，以示哀悼。

可是，书中并没有记载到底按照什么礼节为建文帝安排的葬礼，也没有提到建文帝的坟墓在哪里。为什么会出现这种情况呢？有些历史学家认为，书中所记录的并不是真实的情况，而是明成祖为了尽快登基而掩人耳目的说法，所以这种说法是不足以令人信服的。

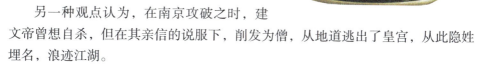

削发为僧

另一种观点认为，在南京攻破之时，建文帝曾想自杀，但在其亲信的说服下，削发为僧，从地道逃出了皇宫，从此隐姓埋名，浪迹江湖。

燕王朱棣登位后，为了掩人耳目，向天下昭告了建文帝的死因，但是烧得面目模糊的尸体似乎并不能让他安心，因此他多次派心腹大臣到处寻访。永乐年间，郑和下西洋的船队中，有不少船员的身份是锦衣卫，而他们的出行目的，很可能就是在海外寻找建文帝的踪迹。同时，明成祖朱棣还曾向天下寺院颁布《僧道度牒疏》，将所有僧人名册重新整理，对僧人进行了一次全方位的调查；从永乐五年（公元1407年）起，他还派人以寻访仙人张邋遢为名到处查找，足迹遍及大江南北。

出逃说

除了明成祖的种种行为让人产生"建文帝并未身亡"的假想之外，民间也盛传着建文帝出逃的说法。有人说建文帝逃到云贵地区，而且辗转到了南洋地区。也有现代学者认为，当年建文帝潜逃后，曾藏于江苏的一座寺庙内，接着隐匿于穹窿山，于永乐二十一年（公元1423年）在此病亡，埋于庵后小山坡上。

还有人认为，建文帝当年是从清凉山出城逃亡的。

2013年，有人在南京明城墙清凉门段发现了一个涵洞，涵洞出口处面朝秦淮河。也就是说，建文帝当年很可能是经涵洞从秦淮河出逃的。

建文帝的下落，目前仍没有定论。期待将来会有一个让人信服的答案。

清凉山涵洞

郑和下西洋有隐情吗

▶▶ ZHENG HE XIA XIYANG YOU YINQING MA

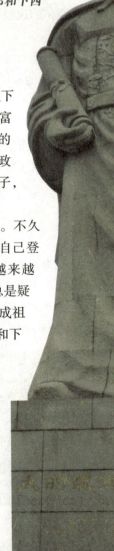

郑和下西洋是中国古代规模最大、时间最久的海上航行。他带领着船队，从西太平洋穿越印度洋，历时28年，创造了不可埋没的功绩。可是，郑和多次不顾生命危险，出海冒险的目的是什么呢？或许，郑和下西洋有着一些不可告人的隐情。

寻找失踪的建文帝

大多数人认为，明成祖朱棣命令郑和多次下西洋的目的是弘扬国威，向世界显示中国的富强，并与西洋各国建立外交关系。不过，有的人却指出，郑和下西洋并非出于这种简单的政治目的，而是打着与各国建立友好关系的幌子，寻找失踪的皇帝——建文帝的下落。

"靖难之战"之后，建文帝便下落不明。不久之后，燕王朱棣发布了建文帝已死的诏书，自己登上了皇位。而民间关于建文帝出逃的传闻越来越多，已经成为明成祖的朱棣对建文帝的下落总是疑神疑鬼的，这成了他的一块心病。后来，明成祖根据这些传闻，进行了各种追查行动，而郑和下西洋则是这些追查行动之一。

炫耀国威

郑和下西洋的政治目的是什么呢？《明史·郑和传》除了指出"成祖疑惠帝（建文帝）亡海外，欲踪迹之"，还指出了郑和下西洋的政治目的，即"且欲耀兵异域，示中国富强"。

清代的梁启超根据“且欲耀兵异域，示中国富强”，在其《祖国大航海家郑和传》中指出成祖野心勃勃，想通过郑和下西洋的壮举，达到炫耀武力、彰显国威的目的。

独占海洋贸易的巨大利益

有些人认为，明成祖朱棣派遣郑和下西洋的目的，不仅仅只是人们常说的炫耀武力、彰显国威，或是追寻建文帝的踪迹。其实，明成祖的真实目的是想以朝贡贸易取代其他一切形式的海洋贸易。当时的东南海洋没有任何政治威胁，这使得雄心勃勃的明成祖想独占好处，于是明成祖大规模开拓通往西洋诸国的海上通道，又不解除禁海令，这样，朝廷就可以完全独占各国“朝贡”的利益了。

郑和下西洋的伟大功绩是任何人也无法否定的。不过，郑和下西洋到底有什么隐情？或许有一天这个历史之谜会被解开。

顺治出家之谜

▶▶ SHUNZHI CHUJIA ZHI MII

      "我本西方一衲子，为何生于帝王家？天下万事纷纷扰，不如空门补破衲。"这首诗的作者是清朝的顺治皇帝。1661年，年仅23岁的顺治病逝。但在众多野史中，作为清朝入关以来的第一位皇帝，顺治帝在五台山出家了。这是真的吗？顺治皇帝留给人们的"出家之谜"，成为了历史上的一大谜题。

顺治本是痴情人

顺治帝

    据传，顺治在位期间，后宫共娶纳二十人左右。但是，相传最得他欢心的要数董鄂妃，两人感情也极其深厚。然而，后来董鄂妃的儿子夭折了，她本人也因此郁郁而终。董鄂妃的死让顺治帝痛不欲生，无心打理朝政。第二年，顺治帝毅然决然地前往五台山剃度出家。

顺治出家谜团

    顺治出家，只是民间流传的一种说法，当时的各种史书并没有记载这件事情，而相关史书中的记录是顺治帝是患天花不治而亡的。

    但是，值得怀疑的是，康熙皇帝曾经四次到五台山，民间猜测他是为了看望顺治帝。康熙皇帝在最后一次前往五台山的时候，顺治帝已经去世，为此，康熙帝曾作诗悼念顺治帝。后来，康熙帝出巡狩猎的时候，路过晋北，因为地方上无法提供御用器具，康熙帝命人到五台山上寻找，果然找到了内廷器具。这两件事情似乎为顺治出家说提供了有力的证据。但事实是否就是如此呢？我们不得而知。

    直到现在，顺治皇帝出家之谜，也没有人能够解开。

Part 3

第三章

文化谜团

汉字起源之谜

汉字是中华民族特有的文字，是世界上最古老的文字之一，也是当今世界上使用人口最多的文字。但是汉字到底起源于何时，又起源于何人之手，一直是文化史上极富争论性的一个话题。

仓颉造字说

从战国时代，古代学者就开始注意汉字起源的问题了，其中对后世影响最广的一种说法就是仓颉造字说。

相传仓颉是黄帝的史官，黄帝分派他专门管理圈里牲口的数目、屯里食物的多少。那时没有文字，无法统计数量，他在绳子上打结来统计数目，后来数量越来越多，他就在不同颜色的绳子上系上各式各样的东西来区分。再后来，他在地上画出动物形状来表示记录的东西，于是最早的象形文字就出现了。从这个传说中可以看出，汉字的出现是一个不断发展的过程。

仓颉

夏、商起源说

一些考古学家认为中国历史发展到殷商时期才有了文字，像用于占卜、记事而刻（或写）在龟甲、兽骨和青铜器上的文字——甲骨文和青铜器铭文。但也有史学家认为殷商时代的甲骨文已很成熟了，中国文字的起始年代还应往前推到夏以前或

半坡彩陶

者夏末。

　　郭沫若曾在《古代文字之辩证的发展》一文中提出过以半坡彩陶上刻画的条纹为中国文字的起源，而半坡遗址距今有6000多年，但目前人们对半坡彩陶上刻画的符号所代表的各种含义，还没有破解。

"起一成文"说

　　宋代的郑樵根据许慎的《说文解字》中540个部首"始一终亥"的排列顺序，得出结论：所有的汉字都是由"一"字演变来的，"一"字可有5种变化，用以概括汉字形体的各种结构。

　　另外，还有"八卦说""河图洛书说"等多种说法，学界专家各执观点，说法不一。中国文字的起源之谜，还需大量有说服力的材料来证明才有可能解开。

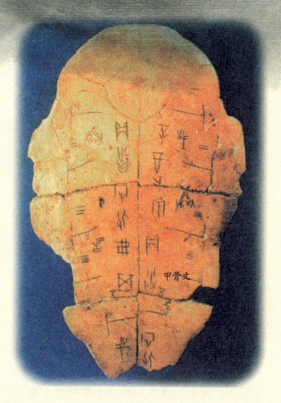

甲骨文

花山岩画之谜

▶▶ HUASHAN YANHUA ZHI MI

在广西宁明县花山的悬崖峭壁之上有一幅原始岩画，这就是著名的花山岩画。岩画画面之壮观，画中形象之生动，保存年代之久远，无不让人称奇，然而却无人知晓这些巨型岩画的作者是谁，这些岩画产生在什么年代，作画人是怎样在几十米高的悬崖上完成这些艺术创作的。

岩画简介

花山崖上这幅岩画高40多米，全长百余米，图像为赭色，虽然经历了千百年风雨的侵蚀，却依然毫不褪色。岩画的线条雄浑粗犷，画中的形象古朴生动。整个画面中，共有1300多个人像，大的高约3米，小的只有30厘米。岩画中有位巨人，头戴虎冠，腰挎宝刀，身骑野兽，手握箭镞，气度不凡；还有一些大汉，勇武粗壮，正面马步而立，两臂屈肘平举，看上去力气很大……在形形色色的人物中间，还夹杂着形似太阳的大小不一的圆形物体，以及形似马、犬、狼、虎等的动物形象。

谁画了岩画

一些研究者根据岩画所处的地理位置和周围的人文环境推测，这些岩画很可能

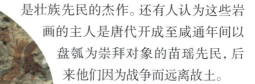

是壮族先民的杰作。还有人认为这些岩画的主人是唐代开成至咸通年间以盘瓠为崇拜对象的苗瑶先民，后来他们因为战争而远离故土。

何时画了它

有的学者根据广西历史中关于铜鼓和环首刀流行时代的记载，认为岩画形成于西汉；也有的学者根据岩画中唯一出现的文字"魁"（花山岩画局部是楷体文字），考证它是唐代以后的作品。有关方面对花山岩画展开全面、深入的考察和研究，又综合大量考证结果之后判断，花山岩画是在战国早期至东汉时期这段时间里，最初由瓯、骆部族或部族联盟中居住在左江流域的氏族所作，后来由乌浒人继承的。

想表达什么

广西铜鼓

至于岩画所表现的内容，学者们各执一词：有的认为是语言符号，有的认为是乐事庆典或是战事盛会，有的认为反映祈天求雨或宗教祭祀，还有的认为是战前誓师或是战后庆功等。众说纷纭，莫衷一是。

颜色之谜

这些岩画规模宏大，内容丰富，线条清晰可见，不仅在我国是少有的，在世界上也是罕见的。然而从岩画所在岩崖上的岩石被风化、剥蚀的情况可以看出，这些岩画应该很古老，至少存在了2000年，到底是什么颜料能使岩画经过这么长的时间依旧保持鲜明、绚丽呢？

这些都还待专家们进一步研究、探寻。

少林功夫起源之谜

多少年来，一句"天下功夫出少林"道出了少林功夫的博大精深，吸引了无数怀揣功夫梦想的习武弟子，不远千里万里来到少林习练少林功夫。如今，少林功夫依然是中华武术中一个鲜明的文化记号。少林功夫有着悠久的历史，但又有谁知道它起源于何时呢？目前，关于少林功夫的起源，大致有三种说法。

🔵 达摩说

南朝宋时，达摩祖师从南印度来到中国宣传佛法。他到了今天的南京后，和梁武帝谈佛，但梁武帝不太喜欢他。于是达摩决定渡江北上，路遇江河阻路，他就摘了一根芦苇扔在江面上，然后就踏在那根芦苇上，乘风破浪，渡江而去。后来他曾寄居嵩山少林寺，在一个洞中面壁而坐，一坐就是9年。后来，由于年代长久，他面壁的地方坍塌，露出一个铁盒子。人们在铁盒子中发现了《洗髓经》和《易筋经》。后来

《易筋经》发展成武林秘籍，自此便有了少林功夫起源于达摩之说。

隋唐说

还有一种说法，认为少林功夫起源于隋唐之际。原因有二：第一，隋朝末年的时候，有农民起义军攻打少林寺，少林僧徒抵抗农民起义军，由此可推导出当时的少林寺已经有了习武之风；第二，隋末唐初，昙宗、志操等少林弟子帮助秦王李世民抗击王世充，并且活捉了王世充的侄子王仁则，为新建的唐王朝建立了战功，少林寺也得到了李世民的褒奖。因此，有人认为少林功夫起源于隋唐。

元明说

元末明初，有一个极具传奇色彩的故事。话说至正年间，红巾军攻打少林寺。当时，有一个烧饭的和尚出来安慰大家："大家不要怕，我去抵御！"这个人不是从大门大摇大摆出去的，而是从烟囱中出去的。他出去以后，就现出他的神形，变得很高大，手里拿着一根棍，红巾军看到后就很害怕，纷纷往后逃。有个僧人说："你们知道是谁吓退了红巾军吗？是观音大士的化身。"自此，少林寺中开始了演习棍法的传统，并由此衍生出不同的武学。当然，对于这个传说也有人持怀疑态度。

但是，人们并不能确定这三种说法中的哪种是正确的。那么少林功夫到底起源于何时？这有待人们进行更深入的研究。

少林寺塔林

"木牛""流马"之谜

▶▶ "MUNIU" "LIUMA" ZHI MI

看过《三国演义》的人对诸葛亮设计的"木牛""流马"一定有深刻的印象。书中的"木牛""流马"宛如活的一般,上山下岭,各尽其便,实在是奇妙得很。

🔵 寻根究底

其实"木牛""流马"并非小说家随意杜撰的,而是见于史书的。史学家陈寿的《三国志·诸葛亮传》记载:"(建兴)九年,亮复出祁山,以木牛运,粮尽退军……十二年春,亮率大众由斜谷出,以流马运,据武功五丈原,与司马宣王对于渭南。"

关于"木牛""流马",古代没有留下任何实物与图形,无法复制,但后人对"木牛""流马"一直兴趣不减,想要探究其中的奥秘。

🔵 四轮车与独轮车

有学者认为所谓"木牛""流马"就是一种普通的独轮推车,在汉代被称为鹿车,经诸葛亮改进后被称为"木牛""流马"。

还有人认为,"木牛""流马"其实是四川地区的一种四轮推车与独轮车,

载人的独轮车

"木牛"是四轮车,"流马"是独轮车。当年诸葛亮北伐曹魏,运送粮草经过的地区既有平原也有山地,"木牛"这种四轮车适合在平缓的大道上运行,而"流马"这种独轮车则可以通过艰险崎岖的栈道。

这一观点,很多人不赞同,他们认为独轮车也好,四轮车也好,构造极为简单,都无任何神奇之处,史家根本无须大书特书。

特殊机械

　　还有一种说法认为"木牛""流马"其实就是利用齿轮原理制作的一种机械。因为在三国时代，运用齿轮原理制作机械已屡见不鲜，比如，三国时期的马钧造出的指南车，机巧而又变化多端。据史书记载，祖冲之还亲眼见过"木牛""流马"，并在此基础上进行了改造。

　　至今，许多人仍对"木牛""流马"着迷不已。近年来常有报道，民间不断有人研制并复原"木牛""流马"，但到现在为止，这些复原品还没有一个与史书描述的相符。

　　相信终有一天，"木牛""流马"的秘密会水落石出。

指南车

《永乐大典》正本藏于何处

▶▶ "《YONGLE DA DIAN》 ZHENGBEN CANG YU HECHU

《永乐大典》编撰于明永乐年间，它记载了上至先秦、下
至明初的各类著作七八千种，显示了古代文化的光辉
成就，是一部集大成的旷世大典。然而在嘉靖年间重录
以后，《永乐大典》的正本却下落不明，这引起了
人们的种种猜测。

世界文化珍品

《永乐大典》由翰林院大学士解缙担任总纂修，
历时6年编修完成，其书内保存14世纪以前中国历史地
理、文学艺术、哲学宗教等各类文献。正文辑成22877卷，

解缙像

凡例和目录60卷，分装成11095册，
全书约3亿7000万字。《永乐大典》是
中国最著名的一部古代典籍，也是迄今为止
世界上最大的百科全书。它比法国狄德罗编纂的
《百科全书》和英国的《大英百科全书》还要早
几百年，堪称世界文化遗产中的珍品。但可惜的
是，由于历史原因，《永乐大典》副本惨遭浩劫，
大多亡于战火，今存不到800卷，而《永乐大典》
正本的下落至今还是历史上的一个谜。

《永乐大典》正本藏于何处

关于正本失踪原因的第一种说法是毁于明亡之际说，说穿了，就是被李自成
焚毁了。崇祯十七年（公元1644年）的3月，李自成率领大顺军队攻占北京，达
到了辉煌的顶峰，可是这种辉煌只维持了短短40天，吴三桂、多尔衮的满汉联军
便击败了这支由农民组成的军队。之后，李自成匆匆撤离北京。他将怒火发泄在
京城这些几百年的宫殿和城楼上，下令放火焚烧。在这样一个人人自危的乱世，
已经没有人会去顾及一部书的命运。《永乐大典》正本是否在此时无声无息地全

部化为灰烬了呢?

关于正本失踪原因的第二种说法是毁于清乾清宫大火说。清朝末年的一位学者缪荃孙提出了这种看法。乾清宫于明朝永乐年间建成,曾数次遭焚和重建,我们目前所见的乾清宫是在清嘉庆三年(公元1798年)重建的。重建的原因,是嘉庆二年发生的一次大火,将整个乾清宫几乎彻底毁灭。

那么,《永乐大典》正本是否像缪荃孙所说,藏于乾清宫,后不幸毁于这场大火呢?古籍研究专家张忱石对这种说法提出了不同意见。乾隆九年至四十年间,清政府曾整理过宫中藏书,所有善本典籍全部集中在一起,编成了《天禄琳琅书目》。《永乐大典》是书籍中的庞然大物,又有10000多册,假如正本在乾清宫,是极容易发现的,怎么可能不编入《天禄琳琅书目》?

殉葬说

还有一种说法是殉葬说,因为明朝皇帝以书殉葬的例子有很多。于是,很多史学家推测,《永乐大典》的正本有可能作为殉葬品葬在了陵墓中。明朝皇帝中,明世宗最喜爱《永乐大典》,他生前曾要求加紧重录一部,以备不测,而且自他重录之后,正本便不知所踪了。所以,史学家们猜测《永乐大典》的正本可能就藏在永陵。不过,殉葬说并不意味着我们尚可以找到完整无损的《永乐大典》正本。

《永乐大典》这部资料价值极高而又历经磨难的旷世大典的下落已经成为人们心中难以解开的结。

"桃花源"究竟在哪里

▶▶ "TAOHUAYUAN" JIUJING ZAI NALI

东晋诗人陶渊明名潜,世称靖节先生。他在那篇清新飘逸、平淡自然的《桃花源记》中,描写了一个自由、安乐的理想社会,那"芳草鲜美,落英缤纷"的风光尤其令人神往。自《桃花源记》问世以来,一直有人认为这桃花源是不存在的"乌托邦",但也有人坚信它的存在,甚至列举出许多和文中的桃花源相似的地点……那么,"桃花源"究竟是纯属虚构,还是有它真实的原型呢?

陶渊明

◉ "桃花源"在桃源县

湖南桃源县西南15千米处的水溪,俯临沅水,背倚青山,景色绮丽,被当地人称作陶渊明笔下的桃花源。

唐代人开始在此建造寺观。宋代,此地建造了"延请楼"(元末毁于大火)。明代景泰六年(公

元1455年），此地又建造了殿宇（明末毁于大火）。清代光绪十八年（公元1892年），此地又重修了"渊明祠"，并顺着山势以陶渊明的诗文命名建造了"桃花观""集贤祠""蹑风亭""探月亭""水源亭""缆船洲"等。

"桃花源"在武陵

《学术月刊》载刘自齐所写《〈桃花源记〉与湘西苗族》的文章，认为"《桃花源记》所描绘的那幅没有压迫、没有剥削、人人劳动、平等自由的美好的社会生活图景，并非作者的凭空虚构，也不是幻想的再创造，而是切切实实的当时居住在武陵地区的苗族社会的写真"。

除了陶渊明外，另一个文人刘敬叔也在他的《异苑》中记述道："元嘉初，武陵蛮人射鹿，逐入石穴，才容人。其人入穴，见其旁有梯，因上梯，豁然开朗，桑果蔚然……"这简直是又一个"桃花源"，所不同的是，发现者一位是渔家，一位是猎户罢了。

"桃花源"在宿城山

江苏省连云港市的宿城山等地古称海州，清咸丰元年（公元1851年）以前，这里一直地处五羊湖的东岸，由水路顺山麓向南，直至海边山尽处，有一小径通

武陵源风景区

入宿城山山坳。宿城山山坳，三面环山，一面向海，除了翻越虎口岭，与外界无路可通。这样一个偏在"东海隅"、天然巧成的堡垒，中间却有一片坦荡美丽的川原。

陶渊明在写进入桃花源的情景时说道："复前行，欲穷其林。林尽水源，便得一山，山有小口，仿佛若有光。便舍船，从口入。初极狭，才通人。复行数十步，豁然开朗。土地平旷，屋舍俨然，有良田美池桑竹之属。"对比此处地理特点，我们足以产生有趣的联想了。

清代两江总督陶澍自称陶渊明的后裔，也是研究陶渊明的专家，他曾著有《靖节先生年谱考异》一书，并亲自向道光帝讲述了宿城山一带"鸡犬桑麻"的太平景象。道光帝也认为："此境与桃花源何异？"

"桃花源"的原型，可能还不止上述的三处。"桃花源"究竟在哪里呢？这还是一个谜。

《清明上河图》中时节之谜

《QINGMING SHANG HE TU》ZHONG SHIJIE ZHI MI

　　《清明上河图》是北宋画家张择端绘制的长卷风俗画，一直以来人们都认为图中所画是宋代清明时节的社会场景，然而，有人却有所怀疑。如果图中所画的不是清明时节，又是什么时候呢？作者为何又将画作题上"清明"二字呢？

世所罕见的名画

　　《清明上河图》自北宋问世以来就享誉无数，以图中道具众多、场面宏大、画面生动鲜活等特点，被人们称为中国北宋时代的艺术珍宝。

　　《清明上河图》上人物、动物众多，大小不一；场景丰富多变；画中大街小巷密集，店铺林立，酒店、茶馆、点心铺等百肆杂陈；还有城楼、河港、桥梁、

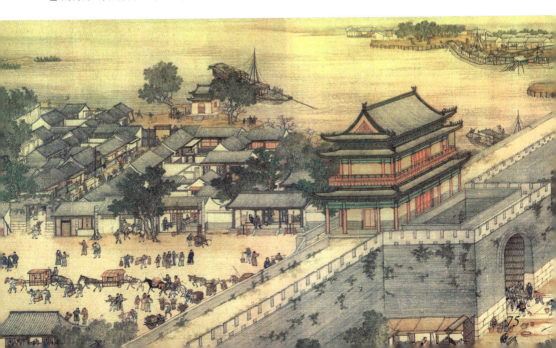

货船、官府宅第和茅棚村舍。这样波澜壮阔的社会风俗画卷，世所罕见。因此有人认为《清明上河图》在中国绘画史上的地位，犹如《红楼梦》在中国文学史上的地位，其可谓誉满中外。

描绘的到底是哪个季节的景色

　　一直以来，画中描绘的是清明时节景色的观点已被大多数人接受。然而，近代的孔宪易先生却在某杂志上提出了异议，他认为《清明上河图》中所画的非清明时节，而是秋季。并且，他列举了画中几处有说服力的地方。

　　其一，画卷右首有驮负10篓木炭的驴子。北宋孟元老所著的《东京梦华录》记载：每年农历十月，汴京始"进暖炉炭，帏前皆置酒作暖会"。清明节前后进暖炉炭，违背宋朝人生活习俗。孟元老和张择端生活在同一时代，《东京梦华录》是研究汴京风土民俗的重要资料，所以还是比较可信的。

　　其二，画中有一农家短篱内长了茄子一类的植物，更为有趣的是，几名孩童赤身嬉戏追逐，这些都不可能是清明时节应该有的场景。

　　其三，画面上有拿扇子的十几个人，有的像是在扇风，也有的好像是拿着扇子在遮阳光，这些都不像是清明时节应该出现的场景。

　　其四，画面上多处出现草帽和竹笠，一般草帽和竹笠不是用来避雨就是用来

遮阳，画上没有雨，显然，它们是用来遮阳的，这又一次说明了此时不可能是清明时节。

其五，画面上有一个招牌上写着"口暑饮子"字样的小茶水摊；河岸及桥上有好几处小贩的货桌上摆着切开的西瓜；等等。宋时古都汴京的早春乍暖还寒，不可能有西瓜一类的鲜果。

其六，画中虽然有一行人似有前去上坟的迹象，但是上坟四季皆可，并不一定非在清明节。

综合上述画中场景，秋季倒更符合实际些。

🌀 "清明"二字的其他说法

虽然这幅巨画名字中有"清明"两字，但它也可能还有另外的解释。

有人认为画作当中所描画的地方是清明坊一带，所以叫作《清明上河图》。

邹身城先生认为"清明"既非节令，亦非地名，它应该是张择端向宋徽宗进献此画时的颂词，"清明"实际是政治开明的意思，是张择端称颂宋徽宗治国有方，讨他开心的一种辞令而已。

《清明上河图》中的"清明"到底是何意呢？它描绘的到底是哪个时节的社会场景？或许只有作者张择端知道答案。

马可·波罗来过中国没有

▶▶ MAKE·BOLUO LAI GUO ZHONGGUO MEIYOU

马可·波罗（约公元1254年—公元1324年），生于意大利威尼斯，旅行家。经他口述，并由比萨人鲁思梯谦笔录而成的《马可·波罗游记》，又叫《东方见闻录》，叙述了他在中国及其他东方国家游历的所见所闻，震惊了西方各国。

大多数学者认为他确曾到过中国，《马可·波罗游记》记载的情况基本属实。但也一直有人认为他没有来过中国，《游记》是伪作。

"教会传奇故事"

《马可·波罗游记》一问世，就遭到西方很多人的怀疑和讽刺，因为书中叙述的国家的发展水平远远超过西方当时的发展水平，让人觉得不可思议，该书也被认为是荒诞不经的"神话"。马可·波罗的朋友甚至在他临终前劝他把书中某些叙述删掉。后来，随着地理大发现，欧洲人对东方的了解越来越丰富，《马可·波罗游记》中讲的许多事物逐渐被证实。但仍有人对《马可·波罗游记》的真实性表示怀疑。

马可·波罗像

19世纪初，德国学者徐而曼仍然认为《马可·波罗游记》名为游记，实为编排拙劣的教会传奇故事，是为了实现传教士和商人的利益，用以激发、感化元朝人的热情以便到中国通商而创作的。他还认为马可·波罗一家最远不过到达大布哈里亚境内，元朝的情况是马可·波罗从曾到过该地的商人们口中听来的，关于印度、波斯、阿拉伯及埃塞俄比亚的叙述则是马可·波罗从阿拉伯著作中抄来的。

是否到过中国

1965年，德国汉学家福赫伯在一篇报告中说，马可·波罗是否到过中国，还是个尚未弄清的问题，《马可·波罗游记》中有很多可疑点，如他在扬州做了三年官等，

"这一切都使人对马可·波罗一家曾长期在中国居住一说发生怀疑"。

1982年4月14日，英国《泰晤士报》发表了克雷格·克鲁纳斯《马可·波罗到过中国没有？》一文，对马可·波罗到过中国一说又加上一个大问号。克鲁纳斯认为，马可·波罗可能根本就没有访问过中国，他可能看到过某种波斯"导游手册"，再加上个人的道听途说，就拼凑成了《马可·波罗游记》。

其根据有四条：第一，书中描写的中国的情况，有很多都与中国当时的社会情况不相符；第二，《马可·波罗游记》对元朝皇帝家谱的表述含混不清，很不准确；第三，中国两种最具特色的文化产物——茶和汉字，以及中国的重大发明印刷术，书中并没提到；第四，书中提到的许多中国地名用的是波斯叫法。

但是，也有学者持不同的观点，认为仅凭上述几点，不能断定马可·波罗没到过中国。

首先，马可·波罗不是文学家，也不是历史学家，他出生在商人家庭，没受过高深的教育，由他口述、鲁思梯谦记录加工后的资料，不太可能完全还原真实历史。更何况，时隔多年，马可·波罗的记忆出现偏差是可以理解的。至于《马可·波罗游记》中没有提到的茶，极有可能是因为他本人一直保持着本国的习惯，不喝茶。同样，他不认识汉字，文化水平不高，因而不提汉字和印刷术等。书中地名多半用波斯叫法，说明他接触的主要是波斯人，而很少接触汉人，不识汉字，因而中国地名多用那种叫法。

到底真相如何呢？马可·波罗究竟有没有到过中国？这一问题至今尚无定论。

马可·波罗的故乡——水城威尼斯

《霓裳羽衣曲》之谜

唐玄宗是一个多才多艺的天子，他音乐造诣极高，所创作的《霓裳羽衣曲》是唐代歌舞大曲中最精彩、最具有代表性的佳作。但是，《霓裳羽衣曲》也存在争议，仍有一些谜有待人们去揭开。

《霓裳羽衣曲》

《霓裳羽衣曲》总共分3个部分，36小段。前6段是"散序"，中间18段为"中序"，后12段为"曲破"。曲子优美动听，节拍鲜明。舞者身穿多彩羽衣，拖着闪光且有花纹的裙子，伴着音乐翩翩起舞，宛若仙子降临。该曲具有浓厚的浪漫主义色彩。

然而《霓裳羽衣曲》真的是唐玄宗自己创作出来的吗？如果作者是他的话，他又因何作了这首舞曲？

原曲为《婆罗门曲》

有人认为《霓裳羽衣曲》是外来的，实际上是从西域传入唐朝的天竺舞曲《婆罗门曲》。据史书记载，公元754年，突厥进攻甘凉诸州，将西凉节度使杨敬述击败。为了保全性命，杨敬述向唐玄宗进献了《婆罗门曲》，以讨皇帝欢心。酷爱音律的唐玄宗听了很是开心，遂只削去他的爵位，仍然任他为检校凉州都督。之后，《霓裳羽衣舞》也随即诞生。唐玄宗之所以改名"霓裳羽衣"，大约与舞蹈者的服饰有关。舞者扮成仙女的样子，上穿缀满了羽毛的衣服，下着彩虹般闪光且带花纹的裙子，所以称为"霓裳"。

宋朝学者王灼经过专门考证，得出《霓裳羽衣曲》为"西凉创作，明皇润色"，一些专家也认可这一说法，认为玄宗对此曲进行了改编、易名。

唐玄宗望仙山所作

唐代诗人刘禹锡在《三乡驿楼伏睹玄宗望女几山诗，小臣斐然有感》诗中说："开元天子万事足，唯惜当时光景促。三乡陌上望仙山，归作《霓裳羽衣曲》。"他认为《霓裳羽衣曲》是玄宗望女几山仙女庙后有感而作。女几山在今河南省宜阳县境内，为东都连昌宫的胜景，是唐玄宗东巡的览胜之地。宋朝乐史在《杨太真外传》中也认同了这种说法。

唐玄宗游月宫后所作及其他特点

还有一种说法是，《霓裳羽衣曲》是唐玄宗梦游月宫后所作。

传说唐玄宗中秋月夜梦游仙界，在月宫听到仙乐袅袅，十分动人，醒来后只记起一半。后来，西凉节度使杨敬述进献《婆罗门曲》，这首曲子与其在梦中听到的声调相符，遂玄宗以月中所闻创作了"散序"，用杨敬述所进曲创作成基本曲调，命名为《霓裳羽衣曲》。而诗人王建则认为此曲纯由玄宗所制，因为他赋予了舞曲新的意蕴，创造了格调极美的仙境，使人有亲临仙府的感受。

此外，唐朝另一位诗人认为玄宗因为厌倦梨园旧曲，故有此新制，而元稹《法曲》诗中也说："明皇度曲多新态，宛转侵淫易沉著。赤白桃李取花名，《霓裳羽衣》号天落。"

"霓裳一曲千门锁，白尽梨园弟子头。"当年盛唐时期的《霓裳羽衣曲》以及舞蹈的原貌已不可见，但通过零星的文献记载以及诗人颂扬的诗篇可以看出，人们依旧对《霓裳羽衣曲》向往不已。但此曲到底是何人所作，至今仍无定论。

西周微刻之谜

▶▶ XIZHOU WEIKE ZHI MI

1976年至1979年，考古工作者在陕西省岐山县和扶风县境内发现了大量西周时期的甲骨文。这些刻在甲骨上的文字细若发丝，最大的字长8毫米，宽5毫米，最小的字长、宽各1毫米，需要借助高倍放大镜才能辨清。这些甲骨文为什么这么小，又是怎么刻上去的呢？

为什么会刻这么小的字

据研究，这些微刻甲骨文涉及内容广泛，主要记述了武王克商前后,周对商先王的祭祀以及周人在黄河流域活动的情况。

关于这些微刻甲骨文，有人认为，之所以要微刻，是因为关乎"军事机密"。在商纣王时期，朝中腐败，各国诸侯意欲反之，所以如果周王开始策划反商行动，则必须进行一番长期而又秘密的准备工作。而记录这些准备工作的文字必须严格保密，所以这时聪明的周人就想到用微刻的方法。至于微刻的办法是偶然发现的，还是说当时已经有微刻这种技术存在了，这些都无从查起。有人猜测，当时也许并没有什么微刻技术，只是有一些天赋异禀或者拥有特殊能力的人，能够将小的事物看成大的事物，于是微刻出这些甲骨文也就是轻而易举的事情了。

用什么刻的

考古工作者在陕西城固县宝山村商代遗址烧烤坑发现了一枚距今3000多年的铜针。铜针首端又尖又细，末端还有一个微小的针鼻儿，孔径仅有1毫米。其做工之精致，让现代人都为之惊叹。于是有人不禁猜测，这样的铜针是否就是用来微刻甲骨文的呢？

怎么看这些文字

然而，甲骨上的微刻文字需要借助高倍放大镜才能辨别出，而肉眼是无法看清这些文字的。那么，那时要看这些文字的人们是如何做的呢？

研究者们猜测，当时很可能有些人的视力是超过常人数倍的，所以才会有微刻文字出现。而现代医学研究发现，患有某些眼疾的人能将实物放大数倍。事实上，古人的视力究竟怎样，我们真的一无所知。西周时期到底有没有人得那些眼病呢？目前发现的史料还不足以证明这点，但也不能排除这种可能性。

不过，这一切都只是猜测，这些微刻文字身上的谜团还有待人们进一步研究、揭示。

甲骨文

河图和洛书之谜

▶▶ HETU HE LUOSHU ZHI MI

河图和洛书是中国古代流传下来的两幅神秘图案，是阴阳五行学说之源。由于河图、洛书历史久远，流传广泛，所以关于它的研究一直不断，但至今也没有一个明确可靠的答案。

河图、洛书传说

《易经·系辞上》有"河出图，洛出书，圣人则之"之说。传说，凡是治理天下成功、功德圆满的远古帝王，天地就会赐给他祥瑞。相传伏羲氏掌管天下时，黄河里的龙马背着天赐的河图，从水里出来献给他，伏羲氏就根据此图画成八卦，河图也就成了《周易》的根源。又传说黄帝东巡至洛水，有灵龟从洛水中出来，将带有"赤文篆字"的东西献给黄帝，这就是所谓的洛书。据传大禹照此书治水成功，遂划天下为九州，又依此定九章大法，治理社会，其流传下来，被收入《尚书》中，名"洪范"。

河图、洛书

河图、洛书究竟是什么东西呢

一种说法是，河图上记载着帝王终始的时间以及江河山川州界的分野，是一种预测帝王权力与气数的预言书，属占卦类书。许多统治者都愿意以祥瑞之说，确立自己的天子地位。

另有一种说法，出自北宋道士陈抟。据说他得道家修炼之图，又创造出一种新的河图、洛书。那时的河图、洛书已不再是帝王的预言书，而是被称为黑白点子的图画，白代表阳，黑代表阴，在宋代受到理学家的极大推崇。

扑朔迷离的未解之谜

目前，关于河图、洛书还有许多谜需要解开，如：汉代以前是否存在过河图、洛书？其真实面貌如何？陈抟的河图、洛书包含着一种什么样的哲理和数理关系？河图、洛书之学，对中国文化的发展，尤其是科学文化的发展起到了什么作用？这些未解之谜尚需要进一步考证。

十八般武艺是哪十八般

▶▶ SHIBA BAN WUYI SHI NA SHIBA BAN

曲艺评书、武侠影视作品中，常提到"十八般武艺"这个词，这"十八般"究竟是哪十八般，各家说法都不一致。

第一种说法

十八般武艺相传为战国时孙膑、吴起所传，分九长九短，指九种长的和九种短的兵器。九长为枪、戟、棍、钺、叉、镋、钩、槊、环；九短为刀、剑、拐、斧、鞭、锏、锤、棒、杵。成语"短兵相接"的"短兵"，指的就是"九短"。

第二种说法

汉武帝于元封四年（公元前107年），经过严格的挑选和整理，筛选出18种类型的兵器：矛、镗、刀、戈、槊、鞭、锏、剑、锤、抓、戟、弓、钺、斧、牌、棍、枪、叉。

第三种说法

元末明初施耐庵所著的章回体小说《水浒传》第二回描写史进每天请求王教头点拨十八般武艺，史进所学的这十八般武艺分别为：矛、锤、弓、弩、铳、鞭、锏、剑、链、挝、斧、钺、戈、戟、牌、棒、枪、叉。

第四种说法

明代马愈的笔记小说《马氏日抄》中说："己巳岁，兆寇作难，官司招募勇敢。山西李通，行教京师，无人可与为敌，遂应募为第一。试其技艺，十八般皆能：一弓、二弩、三枪、四刀、五剑、六矛、七盾、八斧、九钺、十戟、十一鞭、十二锏、十三挝、十四殳、十五叉、十六耙头、十七绵绳套索、十八白打。"这里出现了"白打"一说，据明末清初周亮工的《闽小记》说："武艺十八，终以'白打'。以白打为终，明乎其不持寸铁也。"那么，白打就是赤手空拳地相打，也就是拳术。十八般武艺添上"白打"，似乎也顺理成章。

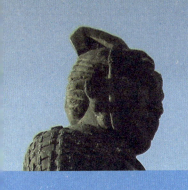

Part 4
第四章
考古谜踪

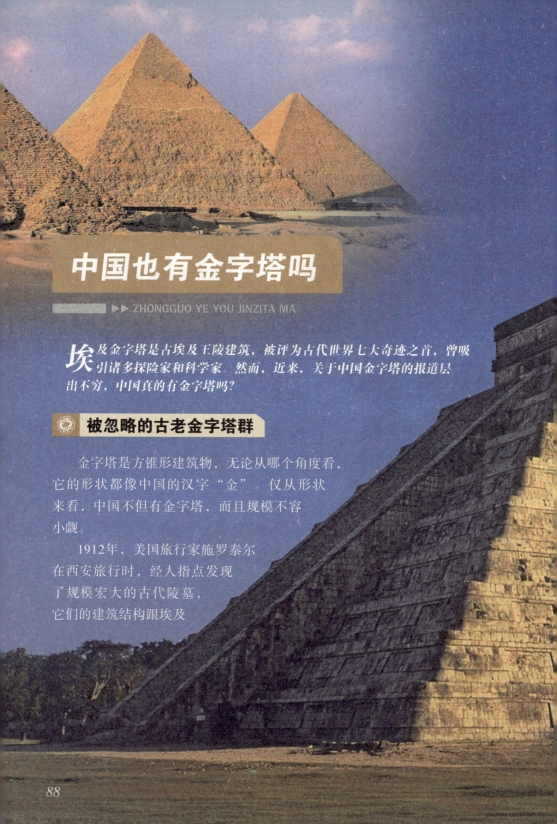

中国也有金字塔吗

埃及金字塔是古埃及王陵建筑，被评为古代世界七大奇迹之首，曾吸引诸多探险家和科学家。然而，近来，关于中国金字塔的报道层出不穷，中国真的有金字塔吗？

被忽略的古老金字塔群

金字塔是方锥形建筑物，无论从哪个角度看，它的形状都像中国的汉字"金"。仅从形状来看，中国不但有金字塔，而且规模不容小觑。

1912年，美国旅行家施罗泰尔在西安旅行时，经人指点发现了规模宏大的古代陵墓，它们的建筑结构跟埃及金字塔很是相像。他在《旅行游记》中这样描述："经过几天奔波，我们终于看到了人们口中的'金字塔'，它们就像是坐落在广阔平地上的高耸的庞然大物，远远看过去很像普通的大山，可是走近一看，它们却是具有四条斜边的平顶式巨大建筑。"施罗泰尔被眼前的宏伟建筑惊呆了。在这些金字塔中，位于最北端的3座金字塔是最大的，然后依次由北向南排列，最南端的那一座最小，它们在平原上的总距离约有10千米。另外，他们还在旁边的丛林中发现了一些小的金字塔群，这些主要的金字塔群平均高度在300～400米，最高的约有500米（埃及胡夫金字塔的高度还没有150米）。金字塔的四条边分别延向东西南北4个方位，还以不同的颜色表示了四方地域的古老含义：黑色为北方，红色居正南，绿蓝向东方，白色朝西方。由于金字塔的平顶上都已覆满了黄土，且林木丛生，通往塔顶的台阶上布满了碎石块，流水槽又被碎石等填满，所以它们一直都被当作一座座自然山体或者大型陵墓。不过，施罗泰尔还是发现了其真正面目。

🌐 中国金字塔的起源

也有不少人认为，中国存在金字塔，且年代比埃及的更早。因为中国的一些文明跟玛雅文明极其相似，商周时期甚至有着和玛雅文明极其相似的国家形态与政治格局。玛雅和古中国都有祭祀传统，所以古中国人也极有可能会像玛雅人一

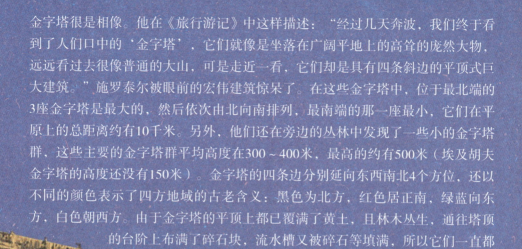

样，建造类似金字塔的建筑物。《山海经》中有"共工之台""轩辕之台""帝尧台""帝喾台""帝丹朱台""帝舜台"的记载，而在屈原《楚辞·天问》中有"简狄在台，喾何宜"，这其中的"台"都是四方形的建筑。而关于"共工之台"，有"台四方，隅有一蛇"的记载，其形状及其上绘蛇形象都与玛雅金字塔的一致。而这些可能就是古代中国的金字塔。

卫星图中的中国金字塔

20世纪60年代，美国卫星在空中发现咸阳五陵原上的帝王陵墓群，疑其为军事要地；70年代初，美国总统尼克松访华，派人到咸阳五陵原看后，惊叹这是中国的金字塔群。

美国作家佐尔茨·罕特·韦利亚逊根据从美国卫星照片上复制下来的西安卫星舆图分析，古都西安市不远处有大小16座金字塔，其中有10座排列有序，绵延10千米。至今距离西安市约100千米的秦岭上，

航拍西安金字塔

还有100多座小金字塔和300米高的大金字塔。研究者们通过卫星图片及相关考察分析，这些金字塔规模很宏大，且其建造的时代要比埃及的金字塔还要早。

美国研究者们认为这些处于中国五陵原的金字塔，其方位、布局等与埃及的十分相似，且与埃及的金字塔处在同一条纬度线——北纬30°线上。更值得考究的是，这些金字塔，塔与塔之间也遵循着一定的数理公式，由此可以判断，这些塔绝对不仅仅是一座座普通的"高山"。

"死亡谷"中的金字塔

韦利亚逊说，其实中印交界处的"死亡谷"中也有一座金字塔存在：二战时期，美国的飞行员考思曼就曾经亲眼见过这座纯白色的巨大金字塔，塔顶上还有一块巨大的、耀眼的晶体发光物。

然而，尽管"中国大型金字塔"之类的字眼被一再提及，但是，并没有人知道它们为何与埃及金字塔如此相似，它们身上还有许多谜题有待解答。

少昊陵

小河墓地之谜

▶▶ XIAOHE MUDI ZHI MI

在我国新疆罗布泊地区孔雀河下游河谷南约60千米的罗布泊沙漠中，有一座插满棱形、卵圆形、桨形木柱的"沙丘"，经科学家们考证，这是一个形式独特的古墓群，即小河墓地。

神秘的墓葬群

小河墓地是在20世纪初，由猎人奥尔德克发现的。1934年，瑞典考古学家佛克·贝格曼来到了这片神秘的墓地，他在小河墓地发现了他认为是"世界上保存最完好的木乃伊"。1939年，他在斯德哥尔摩发表了《新疆考古研究》一书，介绍了他对小河墓地的考古情况，引起了世界各地学者的广泛关注。后来这片墓葬群曾一度消失在大漠中，直到2000年才又被人们发现。

在艰难的自然环境中，考古学家对小河墓地进行了挖掘。墓地面积达2500平方米，至少有3层以上的棺木上下叠压，墓地上插满了木柱，犹如一个插满了筷子的馒头。木柱形状不一，大小不一，颜色也不一样。墓中死者衣着完整，头带尖顶毡帽，帽上插几根羽毛，旁边还有一些雕刻有花纹的木箭、弓、蛇形木杆等。

无法解释的立柱

小河墓地是一层棺木一层棺木重复垒起来的。考古学家们发现，每个棺木前都立有一根木柱，这些木柱大部分被掩埋，而露出地表的部分则成为墓葬的标志物。

古墓群所在的沙山上密密麻麻矗立着棱形、卵圆形、桨形的立柱，立有140多根，高出地表2~4米，直径多在20厘米以上，最粗的立柱高1.8米，直径50厘米，截面为16棱形。雕成卵圆形的立柱杂立其间，粗大的木头的顶部被加工成了卵圆形，浑圆的线条和多棱柱形成一种对比。

男性死者棺木前部的立柱是桨形的，大小差别很大，其上涂黑，柄部涂红并画出数道横向的装饰纹；女性死者棺木前部的立柱基本是多棱形的，上粗下细，高度一般在1.3～1.5米左右，上部涂红，缠以毛绳。这样的奇特形状让考古学家们大惑不解。贝格曼推测，埋葬在这里的人们生前可能经常划桨。还有的学者认为，立柱的形状出于"生殖崇拜"。

未知的墓葬深度

由于流沙造成了挖掘的困难，所以目前还无法确定这个墓葬群到底有多深。只是考古队每从一个巨大的立柱向下挖到1米左右深的时候，就会发现下一层的棺木，而更下一层棺木立柱的顶端已经和上一层的棺木、立柱交错在一起。在一次挖掘中他们发现，仅仅1.8米深的沙堆中竟然已经发掘了2层共33座棺木。并且这些棺木形制基本统一，更没有被搅扰过的痕迹，可见它们的隐蔽性有多好。那么2层墓葬向下还有多少层？到底还有多少这样的棺木？至今还是一个谜。

小河墓地到底出现在什么时候

令人不解的还有墓地出现的时间。考古学家认为小河墓地的形成历经了很漫长的时间，所叠压的棺木应该在3层以上，从发现的最晚期的墓地中的棺木及随葬物分析，它们有3800年左右的历史，最底层的棺木年代可能会更早。

由于小河墓地的特点与罗布泊西北地区发现的土著墓地的特征相似，所以贝格曼在《新疆考古研究》中大致推断小河墓地的年代在公元2～3世纪。它应该比罗布泊其他地区出现的墓葬更为古老。

难解的谜团

小河墓地小儿干尸

关于小河墓地的未解之谜太多太多，比如棺木为何要层层叠压？那些立柱是从哪里来的？把立柱加工成各种形状的工具是什么？这么大的墓地按常理周围应该有人类生活的遗址，但为什么在墓地周围5平方千米都找不到这样的遗址，只有孤零零的坟墓？

一连串的疑问困扰着考古专家……

神秘的南越王的宝藏

▶▶ SHENMI DE NANYUEWANG DE BAOZANG

千百年来，岭南地区有着神秘的南越王赵佗的陵墓以及他的宝藏的传说一直在流传。早在汉朝时人们就已经开始了对它们的寻找，只可惜至今仍没有结果。

赵佗的神秘陵墓

南越王赵佗曾跟随秦军南征北战，在平定岭南的战斗中屡立战功。秦始皇三十三年（公元前214年），赵佗任南海郡龙川县令。公元前208年，赵佗任南海尉。后来，秦朝灭亡，楚汉相争，赵佗静观中原之变，后建立南越国，自称南越王，定都番禺（在今广州）。

汉高祖十一年（公元前196年），赵佗被汉朝封为南越王。吕后时，赵佗自称南越武帝，与当时的汉王朝相抗衡。赵佗对岭南的有效统治达60多年，去世时享年一百多岁，是中国历史上迄今为止王中第一长寿者。随着汉朝日益强盛，赵佗料到汉王朝总有一天会来攻打南越，他害怕自己死之后被人盗掘陵墓甚至抛尸荒野，于是绞尽脑汁地安排自己的后事，坟墓藏得十分神秘。

北魏郦道元《水经注》引王氏《交广春秋》云："越王赵佗，生有奉制称藩之节，死有秘奥神密之墓。佗之葬也，因山为坟，其垄茔可谓奢大，葬积珍玩……佗虽奢僭，慎终其身，乃令后人不知其处。"明确指出赵佗的陵墓内有宝藏，却没有人知道其陵墓在什么地方。

南越王赵佗雕像

扑朔迷离的寻宝之路

三国时，吴主孙权曾派兵盗掘赵佗的陵墓。孙权派将军吕瑜千里迢迢来到广州挖南越王墓，只挖到了第三代南越王赵婴齐（南越国世传五代南越王）的陵墓。随着岁月的流逝，历代寻找南越王赵佗神秘宝藏的脚步始终不曾停止，一次次的搜寻未果反而使寻找南越王陵墓珍宝的美梦显得更加神秘诱人。

南越王墓出土的古物

赵佗的墓究竟在哪里呢？晋代裴渊《广州记》云："（番禺）城北有尉佗墓，墓后有大岗，谓之马鞍岗……"他认为赵佗墓在马鞍岗。唐代李吉甫《元和郡县图志》记载："禺山在县西南一里，尉佗葬于此。"清初屈大均《广东新语》记载："南越王赵佗，相传葬广州禺山，自鸡笼岗北至天井，连山接岭，皆称佗墓。"其中都提到了禺山，不过禺山在何处，广州究竟有无禺山，这仍是一个争论不休的问题。

赵佗的陵墓究竟在何处？众说纷纭，莫衷一是。

南越文王墓

1983年6月，广东省象岗山发现了一座陵墓，这一发现令当时的考古学家们振奋一时，认为这一发现很可能会使赵佗陵墓之谜画上句号。然而，经过考古学家们的考察和认证，位于象岗山的这座陵墓并不是第一代南越王赵佗的，而是他的孙子第二代南越王赵眜的。看来，要想解开赵佗陵墓之谜似乎并非想象中那么简单。

虽然结果与人们想象的有些偏差，但也给了人们找到第一代南越王陵墓的希望。经查阅地方史料，结合第二代南越王墓的发现，依据汉代陵寝制度和南越合族而居、聚族而葬的风俗，考古人员推测，赵佗陵墓很可能就在越秀山下。

也许有那么一天，这位在岭南地区历史上叱咤风云的南越王赵佗的陵墓和他的无数珍宝，会让幸运的人找到。

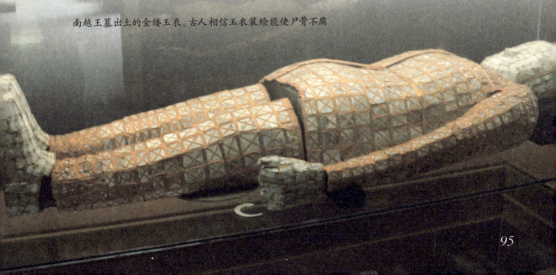

南越王墓出土的金缕玉衣。古人相信玉衣装殓能使尸骨不腐

三星堆之谜

1929年春，四川广汉市的一个农民燕道诚在宅旁挖水沟时，发现了一坑精美的玉石器，关于三星堆的文明研究从此拉开了序幕。三星堆遗址被称为20世纪人类最伟大的考古发现之一，关于它的许多谜题至今都未解。

三星堆青铜面具

三星堆遗址

三星堆遗址位于四川广汉南兴镇，是中国新石器时代至商周时期早期蜀文化的遗存，距今已有3000～5000年历史。1986年，人们在墓堆中发掘出两座大型祭祀坑，出土了大量青铜器、象牙、陶器和金器等，且多属前所未见的稀世之珍。金器中的金杖和金虎形饰制作精美。青铜器除罍、尊、盘外，还有大小人头像、立人像、龙形器和铜鸟、铜鹿等。其中，青铜立人、青铜纵目面具和青铜神树三件造型最为独特，让人匪夷所思。

青铜立人，高2.62米，分人像和基座两部分，人像高1.72米，头戴高冠，身着龙纹袍，一派王者气概，被称为"铜像之王"。青铜纵目面具，造型雄奇，眼睛呈柱状外突，一双雕有纹饰的耳朵向两侧展开，面具宽1.38米，高0.65米，是世界上年代最早、形体最大的青铜面具。青铜神树，高3.84米，由底座、树和龙三部分组成，九鸟巢枝，巨龙盘身，造型奇特，工艺精

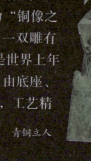

青铜立人

湛，可能为神话传说中的扶桑树，是我国至今发现的形体最大的一件青铜文物，也是世界上最古老、最高大的青铜树。

在当时的工艺条件下，这些铜人、铜面具及铜树是如何制作的呢？这一直都是一个谜。

🔆 难解的图画

考古学家们曾在祭祀坑中发现一根价值连城的金杖，这根金杖可称得上是世界上最大的。金杖上所刻的鱼、箭头等图案让人琢磨不透。《蜀王本纪》认为古蜀

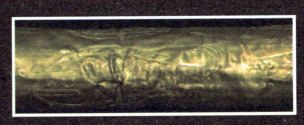

人"不晓文字，未有礼乐"，甚至一些专家认为刻画的符号不能表达语言。那么这些看不懂的图案到底是什么意思呢？是代表了文字，还是就是单独的一个符号？这也是不解的谜。

🔆 文明来自何方

对于三星堆文明的起源，一直以来都众说纷纭，目前最常见的有三种说法："蚕丛说""鱼凫说"和"外来文明说"。

持"蚕丛说"的人认为，川西平原地区古称古蜀国，而古蜀国的国王蚕丛，外貌奇特，眼睛竖向生长，这一点跟我们今天发现的青铜纵目面具的形象吻合，这就表明，三星堆文明极有可能就是蚕丛氏的国家创造的。这一说法目前得到很多人的支持。

三星堆石狮

持"鱼凫说"的人同样依据古籍的记载，认为古代川西平原的古蜀国的国王并非蚕丛，而是鱼凫。鱼凫王国以广汉为都城，国力强盛，曾经是中国西南地区政治经济文化的中心。而鱼凫氏王国的活动区域，正好是三星堆所在的地区，因而他们认为，三星堆文明是由鱼凫氏王国创造的。

青铜纵目面具

"外来文明说"最奇特新颖，持这种说法的人认为，以古代蜀国的生产力水平，不可能有如此高超的铸造工艺。三星堆出土的各种青铜器和玉器，既不是当地的传统事物，也并非中国北方或南方古代民族的传统事物，更不是四周邻近的古代部族的传统事物。它们复杂的铸造工艺，奇特的器物造型，也不符合地球人的思维。因此，三星堆文明极可能不是出自人类文明，而是来自外星文明，是外星人根据自己的形象和思维创造的。

古都消失之谜

如果三星堆反映的是3000多年前古蜀国的文明，那么就不得不谈起古蜀国消失的原因了。这也是一个大谜团。

有人说，它是被洪水淹没了，但是考古学家并未在遗址中发现洪水留下的沉积层。还有一种灾难迁徙说，但这种说法根本就没有任何依据，因为成都平原物产丰富，土壤肥沃，气候温和，这种解释似乎难以自圆其说。

那么，古蜀国消失在历史长河中的真正原因究竟是什么呢？

希望能早些解开三星堆的这些谜团。

秦始皇陵的朝向之谜

▶▶ QINSHIHUANG LING DE CHAOXIANG ZHI MI

秦始皇是完成华夏大一统的第一位君主。我国历代帝王陵大多都是坐北朝南、以显帝王威仪的，而秦始皇的皇陵却一反帝王陵惯例，呈现坐西朝东的朝向。这是为什么呢？

秦始皇陵内部示意图

朝向东方之谜

秦始皇，这位"千古一帝"的陵墓以其规模宏伟而闻名于世。然而，他的陵墓与其他坐北朝南的帝王陵不同，是坐西朝东的。不仅如此，如果你参观过秦兵马俑，你会发现，兵马俑也是朝向东方的。对于出现这种朝向的原因，有多种说法。

第一种观点

有学者认为，秦始皇"灭六国，定一统"初步实现了，但刚开始的时候，他的统治并不十分稳固。秦始皇常说"东南有天子气"，心中一直惴惴不安，于是

急修驰道，先后数次东巡。这几次东巡，绝不是单纯的游山玩水，而是出于"安内攘外"的考虑。死后陵朝向东方，是为了使自己死后仍能注视着东方六国。

第二种观点

有的学者认为，秦始皇陵之所以坐西朝东，是因为他生前未能觅到不死之方，死后也要闭着双目瞻瞩东溟，以求神仙引渡他至天国。因此，秦陵东向，正表示了他死后也不忘东渡求仙的意愿。秦始皇为长生不老，派徐福带童男童女数千人，入海求仙。但徐福没有回来，仙药也没有求到，秦始皇感到十分遗憾，死后他依然要面朝东方，求神仙把他引导进天国。

第三种观点

有人认为，秦国地处西部，为了彰显自己征服东方六国的决心，秦王嬴政初建东向的陵墓；并吞六国之后，为了显示自己雄踞西方、横扫六国的威风，继续修的皇陵的朝向就没有改变。

第四种观点

有学者认为，秦始皇陵之所以整个朝向东方，是因为当时礼制以东为尊。根据有关文献记载，当时从皇帝、诸侯到上将军，乃至普通士大夫家庭，主人之位皆坐西向东。秦始皇天下独尊，他生前是天下之主，为了保持"尊位"，他死后的陵墓便理所当然要坐西向东。

另外，不仅秦始皇陵墓如此，据考察，在陕西境内发掘的917座秦墓，也都是东西向的。秦公陵园的众多大墓，也全部面向东方。这说明，秦皇陵的朝向很可能与当时秦朝礼制有关。

🌐 其他说法

　　还有人认为，除秦始皇陵外，秦国其他的墓葬均坐西向东，甚至连早期墓葬也几乎都是朝东的，其原因是为了怀念故土。因为有学者认为秦人的祖先来自东方，他们对自己曾经劳动和生活过的地方怀有特殊的感情。但是路途遥远，中间相隔了许多敌对的国家，他们很难回到自己原来的家园，只能死后以这种方式来表达自己叶落归根的感情。

　　然而又有一部分人认为秦人的祖先来自西方，他们之所以采用头朝西方的葬俗，主要是寓意他们的祖先是从那儿过来的，但这种说法的可信度很低。

　　秦陵到底为何坐西朝东呢？这仍是一个未解之谜。

秦始皇陵兵马俑背后的谜团

▶▶ QINSHIHUANGLING BINGMAYONG BEIHOU DE MITUAN

1974年，陕西省西安市临潼区几位农民在秦始皇陵东侧约1.5千米处打井时，不断挖出陶质碎片，后来考古工作者在此发掘出了被称为"世界第八大奇迹"的秦代大型地下兵马俑军阵，引起了世界性的轰动。秦始皇陵兵马俑，姿态各异，栩栩如生，其工艺之精良与完美令人叹服。与此同时，一个又一个令人不解的谜题也接踵而至。

谜题一：部分兵马俑为何被焚毁

发掘兵马俑时，考古工作者发现，1号和2号俑坑的木结构几乎全部被烧成灰烬，陶俑和陶马被砸得东倒西歪，有的身首异处，有的头破腹裂，有的臂断腿折，有的断成数段，有的成为碎片，完整的陶俑、陶马很少；陶俑和陶马耳上的彩绘大都脱落，有的青灰色陶俑被烧成了红色，俑坑经火焚后全部塌陷。

俑坑的火是谁放的呢？后人推测有3种可能：

一是秦人自己点的火，以烧毁祭墓物品及墓周的某些建筑，使死者灵魂将其带去阴间享用，即所谓"燎祭"。但是，如果真的是出于古代的丧葬制度和民间风俗习惯而焚毁这些东西，为什么只烧1号和2号坑而不烧3号坑呢？假如真的是秦人自己烧的，那么从建成到焚毁的时间不会相隔太久。可是据考古发掘来看，俑坑底下普遍都有十几层的淤泥层，这种淤泥层绝不是短短数年间就能够形成的。

第二种可能,是被项羽率领的军队焚毁的。但据史书记载,"烧秦宫室,火三月不灭",烧的只是宫室,史书中并没有项羽军队焚毁秦兵马俑的内容。因此,烧兵马俑的事不能强加在项羽头上。

第三种可能,兵马俑坑中的火是坑内的有机物腐败产生沼气,沼气自燃而造成的。但是,同样的俑坑,同样的环境条件,为什么只1号和2号坑被烧,而3号坑却没有起火呢?这也是没有科学根据的。所以,兵马俑被部分焚毁的原因到现在也还没有找到。

⊙ 谜题二：如何制造出如此精良的兵马俑

兵马俑坑中的陶俑和陶马均是泥制灰陶。考古学家推测,它们并非批量生产的,而是单独雕塑而成的,所以才能保持色泽纯、密度大、硬度高的特点,以手敲击,金声玉韵,其烧制工艺真是达到了炉火纯青的境界。另外,陶俑、陶马身上原来都绘有鲜艳的颜色,因俑坑被毁,加上长期埋于地下,颜色几乎全部脱落。但从局部残留的色彩仍可窥见它们当初的鲜艳夺目。这些陶俑、陶马有绿、粉绿、朱红、粉红、紫蓝、中黄、橘黄、纯白、灰白等色彩,更增添了整个军阵的威武雄壮之气。

据说,当代的制陶工艺大师经过十多年的努力,也仅能仿造一些简单的陶人,想要复制陶马,反复试验竟无一成功。秦代这种杰出的泥塑工艺,使后人佩服得五体投地。但它的技术、配方,都早已失传,成了一个谜。

除此之外,围绕兵马俑的谜团还有很多。也许在不久的将来,随着科学的进步和考古的深入,人们将逐渐找到答案。

阿房宫真的是项羽烧的吗

▶▶ E PANGGONG ZHEN DE SHI XIANG YU SHAO DE MA

唐代诗人杜牧在《阿房宫赋》中写道:"楚人一炬,可怜焦土。"这将项羽和阿房宫紧紧捆绑在了一起,项羽火烧阿房宫似乎已成为定论。然而,有的考古学家却要颠覆这一说法,为项羽平反。项羽到底有没有烧阿房宫呢?

🔅 传说中的阿房宫

阿房宫是秦代著名的建筑,规模十分宏大,仅阿房宫的前殿就"东西五百步,南北五十丈,上可以坐万人,下可以建五丈旗"。目前考古探明,阿房宫前殿的遗址面积达54万多平方米,由此可知整座宫殿的面积之大了。关于阿房宫的得名,《史记·秦始皇本纪》是这样记载的:"阿房宫未成;成,欲更择令名名之。作宫阿房,故天下谓之阿房宫。"可见,阿房宫并不是正式宫名,只是世人的俗称。

🔅 项羽为何烧阿房宫

自古以来,"项羽火烧阿房宫"似乎已成定论。那他为什么要烧阿房宫呢?目前普遍的解释是:项羽为楚人,其先祖项燕为楚国大将,在抵御秦国的最后战斗中战死;在反秦斗争中,他的叔父项梁又为秦将章邯所杀,可以说他对秦国是非常恨的,而阿房宫既堆积了楚国人的累累白骨,同时也是暴秦统治的象征,所以他要烧掉它。

阿房宫景区

清代袁江画作《阿房宫图》

项羽烧阿房宫只是误传吗

　　最近有的考古学家开始质疑"项羽火烧阿房宫"这一说法，其主要原因就是考古学家们发现阿房宫遗址根本就不存在被烧的痕迹。按照考古学家的说法，一般建筑物被烧毁后都会生成碳，而碳的性质是非常稳定的，即便过了几千年也会留下痕迹。考古学家们又重新审视相关的史料，发现司马迁的《史记》中也没有确切地指出是项羽烧掉了阿房宫，只有后人的记载中才出现了支离破碎的描述，但那都是晚于秦代千年的事了。因此，项羽是否烧掉了阿房宫，成为了历史的一个疑点。

不是被烧，而是没有建成吗

　　既然阿房宫没有被烧，那么这座无与伦比的"天下第一宫"为何消失不见了？如果不是被烧毁，那它的遗址中就应该有大量的文物存在。然而，考古学家在遗址上只找到了少得可怜的一些秦代瓦片，这片巨大的台地竟然只是一个夯土堆！

　　所以有的考古学家推测：阿房宫前殿根本就没有建成！

　　另外，历史上早就有人指出阿房宫前殿没有建成，南宋程大昌在《雍录》中写道："上可坐万人，下可建五丈旗者，乃其立模，期使及此。"其中后两句明确指出：那是设计的模型，希望建造时能达到模型的样子。这说明其并不是真实存在的建筑。所以后来我们看到的关于阿房宫的豪华设施及宏大气势的描述都只是它的相关设计文献。再说了，阿房宫设计规模宏大，以当时的劳力，要在短短4年内完工几乎是不可能的。这些都说明了项羽攻破咸阳时阿房宫还没有建成，更无从说烧毁了。

泰山无字碑是何人所立

如果你曾登顶泰山，一定会注意到泰山玉皇顶的大门前有一座高约6米，宽约1.2米，厚约0.9米的石碑。此碑形制古朴浑厚，两面都没有字，因此被称为"无字碑"。因无字，所以它于何时所立、由何人所立，成了难解的谜题。

是秦始皇所立吗

对于泰山无字碑，民间有两种说法，一种认为是秦始皇所立，另一种认为是汉武帝所立。

明末清初学者顾炎武在他的著作《山东考古录》中力主"无字碑"是汉武帝所立："然则此无字碑，明为汉武帝所立，而后之读史者，误以为秦耳。"清乾隆皇帝登泰山，观此碑后曾赋诗："本意欲焚书，立碑故无字。"从诗句看，乾隆皇帝认为泰山无字碑是由秦始皇立的。但据史书记载，秦始皇在泰山所立石碑是有字的，并不是无字碑。

是汉武帝所立吗

那么，无字碑是汉武帝刘彻所立吗？根据史料记载，汉武帝确实曾在泰山顶

上立过石碑，因此，这种说法是有一定的依据的。当代文学家郭沫若1961年曾登顶泰山，并留下"摩抚碑无字，回思汉武年"的诗句，可见他认同无字碑由汉武帝所立。

有些人对此表示怀疑，他们认为汉武帝刘彻好大喜功，不可能只立碑不刻字，这不像是他的性格。

原本是有字的吗

很多人猜测，泰山无字碑或许原本是有字的，只是由于年代久远，刻字经风历雨才被风化剥蚀殆尽，以致后来无字可寻。但从石碑现存情况看，风化程度并不严重，而且它在宋朝时就已被称为无字碑了。这块石碑如若有字，不可能被剥蚀得一字不存。显然，这种说法是不成立的。

泰山顶上的无字碑到底是何人所立呢？在找到确凿的证据以前，这个谜题将一直困扰着人们。

长沙楚墓帛画之谜

《人物龙凤帛画》，又称《龙凤仕女图》，是1949年春天，湖南长沙市东南郊楚墓出土的一幅帛画，是现存最早的中国帛画之一。尽管这幅画历经千年，画面几乎辨认不清，但还是有不少学者对画中妇人的身份产生了极大的兴趣，坚持不懈地对它展开了多方的研究和探讨。

《人物龙凤帛画》

《人物龙凤帛画》纵长31.2厘米，横宽23.2厘米，四周毛边。画上有一端庄高髻的妇女侧身而立。妇女双手合掌，细腰，袖口宽松，长裙曳地，体态优美。妇女的上方画有一只展翅飞舞的凤和一条蜿蜒向上升腾的龙。

该画采用了白描的技法，以墨线勾描，线条有力、圆滑，用笔流畅、简洁，顿挫曲折，富于节奏的起伏变化，虚实有度。

帛画寓意之争

帛画的左上方画有一兽，对于它是恶兽还是神龙，说法不一。

有人认为画的左上方的一兽一禽分别为夔和凤，相互作争斗状。凤为神鸟，象征善与和平，在斗争中居高临下，占优胜地

黄玉夔。传说夔是长得像龙的一条腿的怪物。

位；夔为恶兽，象征邪恶与死亡，在侧面抵御逐渐败退。画中的妇人，侧立，细腰，头后挽有一个系有装饰物的垂髻，衣长曳地、鞋履未露，站立于一弯月状物体之上，双手合掌，站立在凤鸟的一边，好像在祈求正义的一方能够获得

胜利。

有人提出异议，认为帛画的布局有上、中、下三层。上层为天空，左上方是龙，右上方为凤鸟。龙和凤在我国古代神话传说中是助死者之魂升天的神兽神禽。妇人右下角有一月状物是画的下层，应为大地，意味着妇人站在大地上，她表情肃穆，向着龙、凤合掌祈求，希望飞腾的神龙神凤引导她的灵魂升天。所以帛画的主题思想应该是楚巫神迷信思想的反映。

后来又有人提出帛画中妇人右下角的月状物其实是魂舟，表示她的升天除有龙凤引导之外，还有魂舟的帮助。

但是，帛画的寓意究竟为何，至今仍无定论。

帛画中的妇人是谁

关于画中妇人的身份，大致有三种说法：

一种说法，认为帛画中的妇人其实就是墓主人的形象。帛画是葬仪中用以引导死者灵魂升天的铭旌。这是楚人丧葬的一种习俗，寓意墓主人死后由神灵引导升天。画中妇人长裙曳地，鞋履不露，使人一看就能明确死者即使不是一个雍容华贵的贵夫人，也是养尊处优的统治阶层的主妇。

另一种说法是，画中的妇人很可能是当时的"巫祝"的形象。画面其实是在描写巫女为墓中死者祝福的场景。

傩戏

除此以外，还有人认为画中妇人是女神宓妃。因为从墓葬出土的形式来看，帛画不是用于观赏的美术品，而是统治者寄托其不可达到的信念的迷信工具，这种形式是当时楚人的一种迷信习俗。

这幅帛画中的妇人到底是谁？各家争论不休，直到现在也没有一个统一的答案，看来还需要科学家们进一步的研究。

乾陵石像的头哪里去了

气势雄伟、规模宏大的乾陵，位于陕西省西安市西北约85千米处的梁山上。乾陵是唐代帝王陵寝中最特殊的一座，是唐十八陵中保存最完好、唯一一座没有被盗的陵墓。在这座陵寝中，安息着一对夫妻，两个帝王，他们就是唐高宗李治和中国历史上唯一的女皇武则天。

石像的原型是谁

在乾陵的朱雀门外的神道两侧，矗立着两组与真人一般大小的石像，西侧的石像有32尊，东侧的石像则有29尊。这61尊石像，形象并不相同，有的翻领紧袖，有的袍服束腰，有的披发左衽，唯一相同的地方是，所有石像都在陵前恭敬整齐地站立着，双足并立，两手前拱，像是在迎接什么人。

这61尊石像都是谁呢？或者说它们的原型是什么人呢？

一直以来，人们普遍认为这些石像的原型是一些外国首领或者使节，石像是参照他们参加唐高宗葬礼时候的情形而制作的。不过，后来被澄清，这是一种误解。首先，这些石像是在武则天去世前后被制作出来的；其次，每个石像后面都刻着文字，只不过经过一千多年的风吹雨打已经很难辨认，只有一

尊石像后面的文字可以辨识，由此可以推测出石像背后应该刻着姓氏、族别、属国名、职位等，表示这是来自不同民族、不同地区的"番臣"。因此，这些石像是一个统一的多民族国家形成历程的见证。

石像头部谜踪

令人不解的是，61尊石像的头全都消失不见了。仔细观察这些石像，会发现它们并不是原本就没有头的，在石像的脖子上能清楚地看到头部被砸掉的痕迹。石像的头究竟去了哪里？民间有两种说法：

第一种，据说，明朝末年，乾县当地发生瘟疫，在这场瘟疫中死去的百姓不计其数。传说，日落西山后，这些石像会变成妖怪，外出作乱，不仅践踏田地，还残害百姓和牲畜。于是，当地百姓认为，瘟疫的发生可能与乾陵中这些石像有关。当地百姓对石像憎恨至极，于是用锄头砸掉石像的头部，使其身首异处。他们坚信，只有这样做，石像才不会作乱。当然，这只是传说，县志中并没有记载。

还有一种说法，在清末时期，八国联军侵华，在乾陵看到这些毕恭毕敬的外国使节，认为实在有辱自己的颜面，因此，把石像的头全都砸掉了。可是，这个说法也并不可靠。八国联军侵华的时候，并没有到过陕西境内。

直到现在，石像的头仍没有被找到，这个谜也正等着后人来解开。

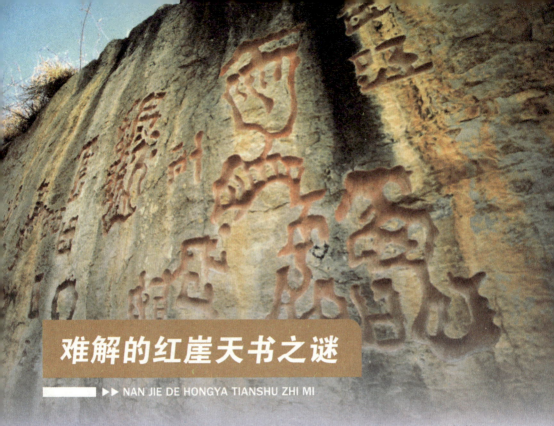

难解的红崖天书之谜

▶▶ NAN JIE DE HONGYA TIANSHU ZHI MI

红崖天书是位于贵州省安顺市关岭布依族苗族自治县绝壁上的一块长约300米，高约3米的巨大浅红色石屏上的铁红色神秘符号，因为读不懂其含义，当地人称它为红崖天书。红崖天书自明朝弘治初年被发现，500多年来尚无一人能够真正地将其破译出来。

"黔中第一奇迹"

红崖天书形如古字，非阳非阴，字体大小不一，排列错落有致，大者一米见方，小者十几厘米，既非隶书又非篆文，像画又不像画，被誉为"黔中第一奇迹"。它们历经百年，遭受不知多少风雨侵蚀，但颜色始终鲜红如初。后来因遭到人为的破坏，它面目改变，如今已有些残破不堪，笔画模糊，难以辨认。

虽然很多人都想解开红崖天书的秘密，但是几百年来，大家始终各持己见，说法各有不同。为了解开红崖天书的谜题，很多学者从各方面搜集证据，试图从极少的历史资料中寻找到一些蛛丝马迹。

是明建文帝伐燕的诏书吗

1999年，林国恩先生经多年考证、研究，认为红崖天书成书于公元1406年，是明建文帝运用钟鼎文所颁的一道讨伐燕王朱棣篡位的"伐燕诏檄"。为了防止机密泄漏，建文帝才故意将文字肢解成似文似画的符号，其大意可以译为："燕反之心，迫朕逊国。叛逆残忍，金川门破。杀戮尸横，罄竹难书。大明日月无光，成囚杀之地。须降伏燕魔做阶下囚。丙戌（公元1406年）甲天下之凤凰（御制）。"这种破译，得到了一部分人的赞同，因为"靖难之役"后，的确有相关史料记载建文帝逃到了贵州某地出家以避灾难。

2002年3月，南京的刘巧菊女士声称，她经过6年的努力破解了红崖天书。她指出红崖天书并不是什么文字，而是一些象征性的符号，这些符号反映了明朝燕王朱棣的宫廷政变。这种说法似乎与林国恩的说法相似，只不过她更肯定了所谓的"天书"是符号。

以上的推测在一定程度上虽然可信，但是并没有得到真正的认可。

是诸葛亮所做吗

红崖天书还有其他称呼，如"诸葛公碑"。一些学者对红崖天书有着另一种解读，认为这些奇形怪状的符号其实是诸葛亮在云贵高原时派人刻下的。整幅图文其实是在记录当时的每一场战争，每一个符号就是八卦中的一卦，每一卦都有一个故事，如"七擒孟获"等，这都是军事机密，不能让敌人知晓，所以他们记录这些事用这种别人看不懂的奇特符号。

钟鼎文

据说，这些符号中还记录了一些阵法，诸葛亮希望能够传给后人，这正反映了他的"神机妙算"。

是大自然的鬼斧神工吗

当然，也有人说这都是自然风化的结果。学者周继厚就在《贵州文史丛刊》上写文指出，这斑斑红迹并不是什么人类所写的文字，而是自然界中的碳酸盐沉积岩历经千年风化的结果。关岭布依族苗族自治县一带在地质史上是寒武纪康滇古陆东面的潟湖区。在远古时期，大量溶于水的或被水冲来的各种矿物质和有机质沉淀于湖底，经过许多年的地质变化，水退后，这些沉淀物经过高温常压、风化、生物和某种火山作用形成了沉积岩，沉积岩再经过不断的风化改造，就成了现在的这个样子。

除以上几种说法之外，关于红崖天书还有许多种说法，如"大禹治水遗迹""殷高宗纪功碑"等。到底谁是谁非，无据可考证。

马王堆千年女尸不腐之谜

▶▶ MAWANGDUI QIANNIAN NUSHI BU FU ZHI MI

1972年,湖南省长沙市东郊的马王堆汉墓中发现了一具保存完好的千年女尸。时隔2100多年,这位名曰"辛追"的夫人被发现时尸体皮肤仍有弹性,身体各部位和内脏器官的外形仍相当完整,部分关节甚至还可以活动。这引起了许多科学家的兴趣,一个沉睡千年的女尸为何能尸身不腐呢?

马王堆

湖南省长沙市东郊有一个隆起的大土堆,相传是五代十国时楚王马殷及其家族的墓地,故称马王堆。此处有两座面积相当、顶部呈圆状的土冢,传说是长沙王刘发安葬母亲唐氏(生母)和程氏二姬之处,故称"双女冢"。

1972年,离马王堆不远的一家部队医院打算在地势高的两座土冢开挖防空洞。工作人员在进行打孔探测作业时,孔里突然冒出一股凉气,有人用水灌孔,结果灌入的水竟被反溅出来。湖南省博物馆专家断定此地为一处"火洞子",也就是一座保存完好的古墓。于是,经有关部门批准,针对马王堆的考古发掘行动拉开了帷幕。

考古人员先从东边的土冢开始挖掘,先是斜坡墓道和有四级台阶的长方形墓穴露出表面,继而发现一层白膏泥,下面又出现了大量的木炭,木炭下面有26张已经泛黄的竹席。当考古人员小心翼翼地掀开这些竹席之后,一座巨大的椁室就完整地展现在人们面前。整个椁室由厚重的松木板料构筑而成,长6.73米,宽4.9米,高2.8米,4块隔板以"井"字形把椁室分为4部分,古代称为井椁。椁室从外往里依次是黑漆素棺、黑地彩绘棺、朱地彩绘棺及锦饰内棺,内棺上平放着一幅T形帛画,棺里躺着一具用20层锦绣丝绸包裹着的女尸。考古学家打开精美的锦绣丝绸,惊奇地发现这是一具保存极为完好的女尸。考古专家把这座墓穴定为1号墓。

辛追的死因

考古学家证实该女尸为利苍的妻子辛追，年约50岁，身高1.54米，体重34.3公斤，结缔组织、肌肉组织和软骨等细微结构保存完好，身体柔软有弹性，皮肤细密而滑腻，部分关节可以转动，手足上的纹路甚至都清晰可见。这一考古发现引来了众多科学家的关注。辛追的尸体皮下脂肪丰满，皮肤没有褥疮，无高度衰老迹象。所以医学家们推测，辛追很可能是因为突发急病而死。医学家们对尸体进行病理剖检后得知，辛追的身体有10多种疾病，如多发性胆结石、冠状动脉粥样硬化性心脏病等。通过病症推断与解剖发现，辛追食道、胃及肠内有甜瓜子138颗半，因而医学家

辛追夫人蜡像

们推断其死亡时间应该是在暑天，她可能是吃了生冷甜瓜后引发胆绞痛，由此诱发冠状动脉痉挛或胆结石发作，导致心脏病发作而猝死。

千年不腐之谜

辛追的尸体是世界上已发现的保存时间最长的一具湿尸，是防腐学上的奇迹。不过，是什么原因使埋葬千年的女尸如此新鲜完整呢？

有的科学家对出土环境进行了大量的研究和测试，最后他们得出辛追尸体不腐的原因大致有两个：一个是深埋，一个是密封。原来，马王堆地势较高，1号墓地深达地下8米以下；墓底长7.6米，宽6.7米，下置垫木与两层底板；庞大的椁室和四层套棺上部覆盖了顶板和两层盖板，棺木相互扣接、套榫和栓钉在一起；最重要的一点是墓底和椁室周围塞满厚达0.4～0.5米、总重量约5000公斤的木炭，木炭具吸水、防潮的功效，可以保持墓穴内的干燥；而木炭外围又堆积了黏性强、渗透性低、厚度达1.3米左右的白膏泥，这对墓穴密封起了决定性作用；再加上层层填土，夯实密固堆积成高约16米的土冢，使深埋地下的椁室形成恒温、

恒湿、缺氧、无菌的环境，因此棺椁、墓主尸体及随葬物都完好地保存了下来。而与它相对的西冢，因为墓穴内白膏泥堆积较薄，且分布不匀，密封程度较差，导致部分陪葬品腐烂。

　　还有的学者认为是棺椁里的特殊液体导致辛追尸体不腐的。考古学家在棺内发现了20厘米左右深的无色液体，它们不是人造的防腐液。经科学分析，棺内的液体是通过土壤、白膏泥和木炭层而渗入墓室、经长期聚集而成的，其中带有少量的硫化汞等防腐物质，具有微弱的抑菌作用。难道这是女尸不腐的主因吗？现在尚不得而知。

Part 5
第五章

建筑奇观

张壁古堡之谜

▶▶ ZHANGBI GUBAO ZHI MI

山西省介休市龙凤镇有一处十分奇特的地方——张壁村，又称张壁古堡，它的面积仅0.12平方千米，却具有完备的城市形态和良好的军事防御设施，这在世界上都颇为罕见。于是人们试图去揭开它那一层层神秘的面纱。

建立时间之谜

作为一个历史文化底蕴厚重的村落，它的始建时代却不是很清楚，这为它增加了许多迷幻色彩。关于它的建造年代有3种说法：

1. 张壁古堡始建于公元619年。隋末刘武周为抗击李世民，始筑该堡，并在该堡地下构筑了攻守兼备、可屯兵万人的地道。该堡距今已有近1400年的历史。

2. 张壁古堡的始建人，最早可追溯至十六国时期的张平。此后的高欢、斛律光、杨谅、刘武周等人均可能对其进行修葺、重建并加以利用。

3. 该堡民宅起源于金，繁盛于明清。

但它到底建于哪个年代，没有人能给出确定的答案。

🌑 地下暗道之谜

在张壁古堡的地下暗藏着许多诡秘的暗道，这些地道全长一万多米，分为三层，四通八达，具备攻、防、退、藏、逃等功能，并与数十处民宅连通，密布机关。可是，这些地道修建于何时，作用是什么，却在当地的县志文献中无从查起。有人将它与当时山西地区的乡村自我防御的传统和晋商文化联系起来，怀疑它是山西商人的一种自我防御的体现，但并不十分肯定这种说法。这就成了张壁古堡的又一个至今未解的谜。

🌑 古堡风水之谜

有专家研究发现张壁古堡的地势南高北低，完全违反了中国古代的风水学说。北门一带的庙宇群中供奉着真武大帝，而该庙宇群却被建得高耸挺拔，或许意在弥补村庄风水的不足。但是为什么要在这里建这样一个堡垒，为什么要反风水而建，却不得而知。

另外，张壁已发现30余处建筑物、标志物与星座相对应，而张壁村名也来源于二十八星宿之张宿、壁宿。更为奇特的是，村里的祭星仪式自古沿袭至今，这又为古堡披上了一层神秘的面纱。

小雁塔离合之谜

西安的小雁塔是一座历史悠久且经历奇特的有名寺塔，它神奇地经历了三次分裂三次复合。这是怎么回事呢？

🐾 小雁塔简介

小雁塔位于陕西省西安市城南1.5千米处，在唐朝建立的荐福寺内，至今已有1000多年的历史了。小雁塔建筑精美，是我国重要的佛教建筑艺术遗产，它采用密檐式方形砖构建，形状秀丽，蔚为壮观。初建时为15层，高约46米，塔基边长11米，塔身每层叠涩出檐，南北面各辟一门；塔身从下往上逐层内收，形成秀丽舒畅的外轮廓线；塔的门框用青石砌成，门楣上用线刻法雕刻出供养天人图和蔓草花纹，雕刻极其精美，反映了初唐时期的艺术风格。

🐾 "神合"的历史

在漫长的历史岁月中，小雁塔经历了一段段"神合"的历史。

公元1487年，陕西发生了6级大地震，把小雁塔中间从上到下震裂了一条30多厘米宽的缝。

然而时隔34年，在1521年的又一次大地震中，裂缝在一夜之间又合拢了。人们百思不得其解，便把小雁塔的合拢叫"神合"。1555年9月，一位名叫王鹤的京官回乡途中夜宿小雁塔，听了目睹过小雁塔"神合"的堪广和尚讲的这段奇事后，惊异万分，便把这段奇事刻在小雁塔北门楣上。内容如下："明成化末，长安地震，塔自顶至足，中裂尺许，明澈如窗牖，行人往往见之。正德末，地再震，塔一夕如故，若有神比合之者。"

后来，清康熙辛未年（1691年）地震，塔又裂，辛丑年（1721年）塔又复合。

第三次的裂开没有具体的时间记载，自顶至足有30多厘米宽的裂口，后经西安市人民政府进行加固和整修，才恢复了原来的旧貌。

为何塔会分裂又复合

小雁塔裂开之后为何能自动复合呢？这给了人们一个难题。

后来经研究，有人推测：小雁塔的离合很可能是地壳运动引起的。当地震发生时，地壳迅速裂开，塔身随之裂开；地震结束，地壳缓慢复合，雁身也便随之复合了。这种说法表面似乎合理，但不足以令人信服。因为除了小雁塔之外，西安地区并没有其他自动离合的例子出现，为什么独独小雁塔会三离三合呢？显然这种说法还有待考证。

新中国成立以后修复小雁塔时，有关专家对小雁塔离合现象有了另一种解释：他们认为小雁塔之所以会自动复合是由它的独特建筑技艺造成的。古代的能工巧匠将小雁塔的地基筑成一个半圆球体，受震后小雁塔能将压力均匀分散，就像"不倒翁"一样，虽历经数次地震，仍屹立不倒。

但小雁塔的离合到底是因为什么呢？还有待科学家们进一步探索。

古崖居的主人是谁

▶▶ GUYAJU DE ZHUREN SHI SHUI

北京延庆县西北部的张山营镇有一处建筑结构复杂、设计巧妙、被今人称为古崖居的石室群，这些石室密密麻麻分布在山崖峭壁上。是谁刻凿了这些石室？它们产生于哪个时代？这些是令人困惑的谜题。

🜹 建筑精妙的古崖居

古崖居的石室分布在前后两个沟内，总共有117个洞穴，占地近10万平方米，全部开凿在陡峭的花岗岩石壁上。洞穴形状多样，有长方形、正方形、三角形及圆形；石室的面积不等，小的不到3平方米，大的可达十几平方米；它们有的上下相通，有的左右相连；洞内凿有石灯台、石灶台、石坑，布局合理；设有

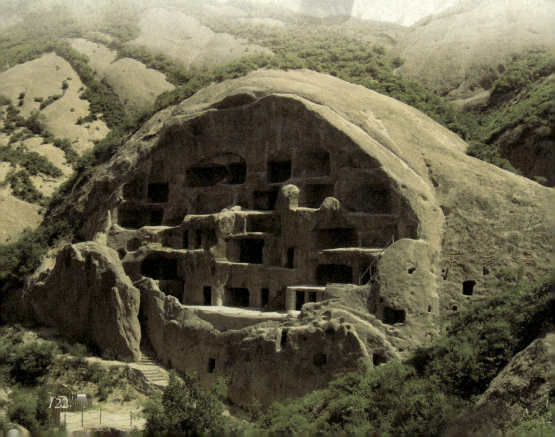

排烟道、气孔、户枢、门框等，到处充满着人类居住的痕迹。古崖居建筑奇特，是一个充满谜团的所在。关于它的主人是谁这个问题，一直是有待破解的谜题。

是矮人族的栖身之所吗

研究者们认为，古崖居的居民可能是一支游走矮人族，他们不仅在中国，还在土耳其等国留下了足迹。从房子的结构看，古崖居主人身高在1.5~1.6米之间。

是边关士兵的军营吗

有的学者怀疑古崖居是汉朝边关士兵居住的军营，因为他们在洞穴附近的一处山顶上发现了一段依山而建的残墙，这些残墙的高度和地理位置很像古时所说的烽火台，而与之相呼应的古崖居则应该是军营。

是古老的奚族人的居所吗

随着对古崖居的深入研究，科学家们又在此处附近发现了不止一处的相同的洞穴，这说明当时古崖居的居民有可能已经发展到一个部族的规模。但到底是什么部族？研究者们翻阅史料，发现我国北方地区的一个古老民族——奚族很可能就是这些洞穴的主人。据史料记载，在唐朝晚期奚族人背叛契丹，曾游走在妫州的北山附近，而妫州辖境就包括今天的北京延庆一带。但是奚族人以游猎为生，理应对帐篷更为熟悉，他们能造出这样完整的石屋吗？这又成了一个不解的谜题。

每种猜测都各有依据，但古崖居的主人到底是谁，还是没有一个确定的结论。

护珠塔斜而不倒之谜

▶▶ HUZHUTA XIE ER BU DAO ZHI MI

意大利有一座斜而不倒的比萨斜塔，中国也有一座倾斜不倒的宝塔——护珠塔。比萨斜塔以倾斜5度16分而成为世界之谜，而中国上海市的护珠塔则以其倾斜度达6度52分左右成为斜塔不倒的第一谜。

◎ 上海"比萨斜塔"

护珠塔坐落在上海市"松江九峰"之一的天马山上，始建于北宋元丰二年（公元1079年），整个塔身为砖木结构，呈平面八角形，共有7层，为楼阁式。每层有腰檐、平座、栏杆，是一座玲珑的宝塔。这座千年古塔，在经历了风雨摧残、大火焚烧、人为破坏之后，依然斜而不倒。护珠塔塔身倾斜度已超过了著名的意大利比萨斜塔，故有上海"比萨斜塔"之称，成为上海一大奇观。

◎ 导致倾斜的原因

为了揭开护珠塔斜而不倒的谜底，专家们先提出了护珠塔为何倾斜的问题。专家们经过大量的研究得出两种结论：一是山上举行佛事时燃放爆竹，引起火灾，烧毁了塔心木和各层木结构，引起塔身倾斜；二是初修建宝塔时，塔的砖缝里填满铜钱，这本来是用来镇妖避邪的，但没想到人们会拆掉塔砖以求得塔砖缝中的铜钱，最终导致塔基被毁，塔身倾斜。

护珠塔

斜而不倒实在神奇

护珠塔虽然已经倾斜，但却屹立不倒，这实在令人惊奇。对此，人们产生了几种猜测：

第一种猜测是塔东南面有一株具有仙气的古银杏树，它富有神力，遥遥支撑着护珠塔，使它不倒塌。当然，这只是一个民间的传说，不足为信。

第二种猜测跟造塔技艺有关。据调查研究发现，古代建筑砌砖用的黏合剂是糯米饭拌以桐油、石灰制成的，这种黏合砖块的黏合剂强度超过了现代的水泥砂浆，并且这种黏合剂随着时间的推移会越来越坚固；再加上古代工匠们的精湛砌砖技艺，整座塔能够浑然一体，即使塔砖残缺，塔也不会一块块塌落。另外，坚固的塔基也为塔身提供了有力的支撑，使它斜而不倒。

第三种猜测跟地质构造有关。据专家分析，天马山的地势沉降不均匀，东南方向土质较软，西北方向土质较硬，所以塔向东南方向倾斜。而江浙一带多东南风，天马山山顶空旷，所受东南风力更强，这样塔的倾斜力就与风力相平衡，并且东南风还有可能起到支撑塔身的作用，所以塔斜而不倒。

当然，这些推测还都处在继续求证的阶段，相信在不久的将来，专家们会给出一个更加明确的答案。

神秘的西夏王国"金字塔"

西夏王国的陵墓有着"东方金字塔"之称，它们有大大小小200多座，远看状如窝窝头，近看则为八角形。关于它们的存在就像它们的王国一样有着令人捉摸不透的秘密。

神秘的西夏王陵

西夏王朝是一个极具神秘色彩的古代王朝，它曾一度在历史上消失千年，引起历史学家们的不断探寻。后来，西夏王陵的发现为揭开西夏文明消失千年的秘密提供了条件。虽然西夏王陵已遭到了毁灭性的破坏，但其宏伟的规模，严谨的布局，残留的陵丘，仍可显示出西夏王朝特有的时代气息和风貌。然而，这些状如金字塔的陵墓又为科学家们提出了新的难题。人们不禁要问，为何西夏帝王陵墓的形式不同于传统帝王陵墓的形式，而是像一座座"金字塔"呢？

别具一格的陵墓形式

西夏王陵在布局风格上不仅吸收了秦汉以来，特别是唐宋皇陵的长处，同时又受到佛教建筑的影响，还结合了党项族的文化。它是我国最大的西夏文化遗

址，也是宁夏最重要的一处历史遗产和最具神秘色彩的文化景观。

西夏王陵规模宏伟，布局严整，大大小小的陵墓有200多座，每座陵墓都由阙台、碑亭、月城、陵城、献殿、陵台等部分组成。其中，一座残高23米的陵塔是陵园中最显著的建筑，由层层残瓦堆砌而成。它有什么作用呢？为什么建在陵园的西北角？对此，学术界说法不一。

为何建有陵塔

目前学术界给出的说法中支持人数较多的是，陵塔即佛塔。西夏是一个崇尚佛教的王朝，因此佛塔是陵园内必不可少的建筑，而佛塔是用来供奉和安置舍利等的地方，为了表示对佛教的尊敬，身为凡人的西夏王就不能同舍利一样葬于塔中，但为了体现西夏王的帝王权威，故将西夏王的遗体葬在佛塔的旁边。

北京古城墙为何独缺一角

据史料记载，北京古城墙在元代初建时是方方正正的，可是到了明代，古城墙却出现缺角现象。这成了历史遗留给我们现代人的一个谜。

为什么会缺了一角

现在，关于北京古城墙为何只西北方向有一个缺角，有多种解释，有人说是自然原因造成的，有人说是人为设计所致，也有人说是受古代传统地形观念的影响。

据说，当初设计城墙的时候，工程设计师们千方百计地想把矩形图案的对角线交在故宫的金銮殿上，以表示皇帝至高无上的地位。但是，由于自然原因，对角线的交点还是偏离了金銮殿。修建城墙的负责人害怕朝廷降罪，只好去掉了西北角。

还有一种说法，当时修建城墙时确实修建成了直角，但是不知什么原因，西北角的城墙屡建屡塌，前后百年间，不知道修建了多少次。出于无奈，最后就没有建成直角。

但是，社会学家却认为古城墙的修建是受到了古代传统地形观念的影响。如西汉刘安写有《淮南子·地形训》，认为大地八方有八座大山支撑着天体，其中支撑西北方向的山叫不周山。《淮南子·天文训》讲八方吹来八风，西北方向吹来的风称不周风，东汉班固解释"不周"就是不交之意。按这种解释，西、北两个方向不应该互相连接，而应留缺口。

对古城墙缺角的原因还有以下几种说法

其一，明朝初年，刘伯温、姚广孝奉燕王朱棣之命修建北京城。他俩在设计图纸时，眼前同时出现了八臂哪吒的模样，于是两个人就都照着画。姚广孝画到最后，正好吹来了一阵风，把哪吒的衣襟掀起了一角，他也就随手画了下来。后来建城的时候，燕王下令东城按照刘伯温画的图建，西城按照姚广孝画的图建。姚广孝画的被风吹起的衣襟，正好是城西北角从德胜门到西直门往里斜的那一块，因而至今那里还缺着一角。这种解释只是传说而已，并不足信。

其二，相传，当初设计城墙时设计成矩形的，但是朱棣不想墨守成规，就提笔在原有的设计图纸上抹去了一角。此后明代所建之城大都遵照四角缺一角的样式。这种解释也缺乏科学依据。

其三，有的历史学家、考古工作者研究后认为：元代呈直角的城墙一直遗存，只是到了明代重修北京城时，为了便于防守，遂放弃了北部城区，在原城墙南五里处另筑新墙。新筑的北城墙西段穿过旧日积水潭最狭窄的地方，然后转向西南，把积水潭的西端隔在城外，于是西北角就没有建成直角。明初时，积水潭的水远比现在要深得多，面积也大得多。为了城墙的坚固和建筑的需要，城墙依地形而建是合乎情理的。

其四，一些地质工作者通过研究从卫星上发回的照片认为：城墙西北角最初修筑时很可能也是建成直角的，但这样城墙的拐角正好斜跨在地震断裂带上，城墙的稳固性大大减弱，导致城墙多次倒塌。后来，只好不再建成直角。奇妙的是城墙从此竟再也没有倒塌过。这也是现在大多数人比较认同的一种说法。

但是真正的、明确的结论，还有待进一步考证。

万里长城的未解之谜

>> WANLI CHANGCHENG DE WEI JIE ZHI MI

长城是中华民族的象征，是世界新七大奇迹之一。中国的长城号称万里，实是当之无愧。但长城的两端到底在什么地方却有着不同的说法。因为长城的修筑前后历经两千多年，很多长城并不是绵延不绝、连在一起的，而且早期修筑的长城有颇多损坏，以致人们对长城两端所在地的认识出现了不同的意见。

临洮——辽东

据《史记·蒙恬列传》记载："秦已并天下，乃使蒙恬将三十万众北逐戎狄，收河南（今内蒙古黄河以南地区）。筑长城，因地形，用制险塞，起临洮，至辽东，延袤万余里。"这表明秦始皇修建的长城的两端分别是临洮和辽东。秦始皇修的长城其实包括3段，东段起于现在内蒙古化德县内，向东基本上是沿着今内蒙古和河北交界处蜿蜒东行的。进入辽宁以后，折向东南，一直延伸到朝鲜境内的平壤大同江北岸，其终点即"辽东"。秦始皇长城的中段，从东至西由内蒙古兴和县起，北依阴山，南靠黄河河套地区，西抵乌兰布和沙漠北缘。西段长城，经考察西起甘肃省岷县，循洮河东岸向北至临洮县、兰州，再东折至榆中县。

专家认为今天的岷县就是秦朝时期的临洮，是秦万里长城的西边起点。现在其遗址旁树立着一块碑，写的是"战国秦长城遗址"，原来在春秋战国时期各诸侯国都修过长城，秦国也不例外。这一段以临洮为起点的长城就是秦昭王时修建的，后来秦始皇加以修缮。可惜的是，现在我们很难确定西起临洮的这一段长城

是否真的存在过，因为几乎看不到绵延于山川田野的城墙的任何遗迹。一些学者在这一带找到了很多秦代遗物，不过这并不能证明修长城之说，因为这一带本来就是秦朝人的活动区域，找到一些秦朝遗物并不足以证明长城的存在。

辽东——罗布泊地区

第二种说法是万里长城东端在辽东，西端在现在新疆罗布泊地区。此种说法来源于汉代所修筑的长城。汉朝时期，北方游牧民族匈奴强大起来，不断在汉朝边境滋事。经过一系列战争，汉武帝打通了甘肃经河西走廊到新疆罗布泊的交通要道，并使西域各王国臣服于汉朝的统治。汉武帝在军事进攻的同时，还着手进行另一项工作，即大规模修筑长城。汉武帝最后一次修筑长城是在公元前104年到公元前101年，修了玉门关至新疆罗布泊段的长城。

那么，长城的西端是否在罗布泊呢？汉代在河西走廊到罗布泊的这段长城和我们一般概念中的长城不同，它只有相隔的城墩、烽火台，而缺少相连接的城墙。不过其功能却是相同的，即驻防，互相通报敌情。如果它不是长城，那么这条千里屏障又该如何称呼？

山海关——嘉峪关

第三种说法是长城东到山海关，西到甘肃的嘉峪关。这两座雄关修建得气势磅礴，至今保存完好，一东一西相互对峙，所以被认为是万里长城的两端。由于时代久远，早期各个时代的长城大多残毁不全，现在保存比较完整的是明代修建的长城。山海关和嘉峪关其实是明长城的两端。明代是最后一个大规模修筑长城的朝代，在其统治的二百多年中几乎从没停止过对长城的修建。因为明朝建立以后，前朝统治者逃回蒙古，不断骚扰掠夺，东北又有女真族兴起，所以明王朝十分重视北方防务，对修筑各地城墙很下功夫。全国各州府县的城墙都用砖包砌，修得十分牢固，长城的修筑工程当然就更为浩大。

对于万里长城的两端到底在什么地方这一问题，众说纷纭，至今尚无定论。

春节起源之谜

▶▶ CHUNJIE QIYUAN ZHI MI

春节，是中国最盛大、最重要的传统节日，也是中华文明最集中的表现。说起春节的来历，可谓众说纷纭。

◎ 关于"年"的传说

有些学者认为，春节的来历与"年"的传说有关。中国古时候有一种叫"年"的怪兽，头上长角，凶猛异常。"年"以百兽为食，到了冬天，山中食物缺乏时，还会闯入村庄，猎食人和牲畜，百姓惶惶不可终日。人们和"年"斗争了很多年，后来人们发现，"年"怕三种东西——红颜色、火光、响声。于是，人们在门上挂上红颜色的桃木板，门口烧火堆，夜里通宵不睡，敲敲打打。一天夜里，"年"又闯进村庄，见到家家有红色和火光，听见震天的响声，吓得跑回深山，再也不敢出来。第二天，人们互相道喜，家家张灯结彩，饮酒摆宴，庆祝胜利。这样年复一年，就形成了欢乐的节日——春节。这风俗越传越广，成了中国民间最隆重的传统节日。

◎ 起源于舜时期

另一些学者指出，上文所说的这个影响深远的传说并非是春节的真实来历。他们认为：舜即位，带领着部下祭拜天地，从此，人们就把这一天当作岁首。这就是农历新年的由来，后来叫春节，春节在过去也叫元旦，春节所在的这个月叫元月。

◎ 起源于"蜡祭"

也有学者认为，春节起源于我国原始社会的一种

年终祭祀——"蜡祭"。所谓"蜡",指"索",《礼记·郊特牲》中说"蜡也者,索也。岁十二月,合聚万物,而索飨之也"。"蜡祭"就是祈求神灵赐给各种食物,与祈求农事丰收有关,所以乡村过春节比之城里更隆重,更富有民族特色。

立春为春节

还有的学者认为,历史上的春节并不是岁首这一天。自秦汉以来,人们把二十四节气之一的"立春"定为"春节"。由于立春和正月初一在日期上相隔较近,所以人们在庆贺新年的同时也喜迎新春。

虽然关于春节来历的说法很多,让人难作判断,但是,春节作为中华民族文化的重要载体,蕴含着中华民族的智慧,传承着中国人的社会伦理观念。所以,我们一定要大力弘扬春节所凝结的优秀传统文化,突出祝福、辞旧迎新、团圆平安、兴旺发达等主题,努力营造家庭和睦、安定团结、欢乐祥和的喜庆氛围,推动中华文化不断发展壮大。

压岁钱起源之谜

▶▶ YASUIQIAN QIYUAN ZHI MI

对孩子来讲，过年之乐不仅在于穿新衣，放鞭炮，尽情玩耍，更重要的是还可以从长辈处得到压岁钱。但为什么过年时长辈要给晚辈发压岁钱？"压岁"的含义又是什么呢？

"压祟"

民间流传着这样一个关于压岁钱来历的故事：从前，有个叫"祟"的小妖，专在除夕之夜出来祸害小孩儿。它用手在熟睡的孩子额头上摸几下，孩子即因受惊而啼哭发热，等热退病去，孩子便变成痴呆儿。有一对夫妇在除夕之夜用红线穿了八枚铜钱逗孩子玩，孩子玩累后，把铜钱撂在枕边睡着了。夫妇俩却不敢合眼，点亮灯坐在床头守护。半夜里，一阵阴风吹灭灯火，"祟"溜了进来。正当它把手伸向孩子时，那串铜钱突然迸发出道道雪亮的光，吓得它逃跑了。此事传开后，人们都在除夕之夜用红线穿上八枚铜钱置于孩子枕边。果然，"祟"不敢来降灾了。原来，这八枚铜钱正好暗合某种仙术，其法力能降"祟"祛灾。从此，这串专给孩子度岁避祸的铜钱便被称为"压祟钱"，因"祟"与"岁"同音，后传为"压岁钱"。

"压惊"

另有一说，压岁钱源于古代"压惊"。太古时，凶兽"年"经常伤害人

畜、庄稼。小孩子害怕，大人便燃爆竹驱赶"年"，并用食品安慰小孩子，即为"压惊"。年久日深，食品演变为货币，至宋便有"压惊钱"。据史载，王韶子因被坏人背走，在途中惊呼，被皇车救下，宋神宗即赐了他"压惊金犀钱"，以后才发展为"压岁钱"。

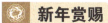

新年赏赐

也有人认为压岁钱源于唐时宫廷里的新年赏赐，到宋明时已在民间蔚然成风，成为习俗。民间有"利市"一说，即逢节庆日子给家人、佣工发钱以讨吉利，类似后来的"发红包"。故"压岁"之意并非"压祟"，而应解为压住过去的岁月，换上新的面貌走进新的一年，也就是辞旧迎新的意思。

在早期，压岁钱并不是给真钱，而只是给一些象征性的东西，是希望起到震慑性的作用。但后来，人们逐渐把压岁钱实用性的意义给强化了，因此就变成了给真正的货币。长辈为晚辈分送压岁钱的习俗在现代仍然盛行，这些压岁钱多被孩子们用来购买学习用品和生活用品，新的时代赋予了压岁钱新的内容。

但压岁钱究竟来源于什么，至今仍无定论。

元宵节放灯起源之谜

农历正月十五，是我国的传统佳节——元宵节，俗称"灯节"。旧时元宵节之夜，城里乡间，到处张灯结彩，观花灯，猜灯谜，盛况空前。今天，元宵节放灯、观灯仍是人们喜闻乐见的民俗娱乐活动。特别是近几年，元宵节灯会出现了空前繁荣的景象。人们喜欢在元宵节放灯、观灯，可这种习俗究竟是什么时候兴起的呢？

元宵节放灯形成于唐代

在民间有这样的传说：唐太宗李世民鼓励读书，民间都把小孩儿送去上学。入学后要做的第一件事就是"开灯"，就是把事先做好的花灯带到学校去，请一位博学的老先生点起来，象征前途光明。从前的私塾，多半在正月十五后不久开学，因此开学的花灯，也成了元宵节的点缀。也有学者根据资料记载，认为元宵节放灯在唐睿宗时期开始盛行。

元宵节放灯是汉代传下来的

对于元宵节放灯形成于唐代的说法，有的学者持不同意见，他们认为元宵节放灯是汉代传下来的。汉文帝是"诸吕之乱"被平定以后即位的。戡平之日是正月十五。以后每逢这天夜晚，汉文帝都要出宫游玩，与民同乐。后来汉文帝就把正月十五这一天定为元宵节。不过，当时还没有放灯的习俗。到了汉明帝永平十年（公元67年），为了提倡佛教，汉明帝敕令正月十五这一天夜晚在皇宫和寺庙里燃灯，以表示对佛教的尊敬。后来传到民间，元宵节放灯便蔚然成风。

元宵节燃灯起源于对火的崇拜

另有一说是元宵节燃灯的习俗起源于人们对火的崇拜。传说在很久很久以前，凶禽猛兽很多，四处伤害人和牲畜，人们就组织起来打它们。火被发现之后，人们认为神秘的火能驱赶走一切妖魔鬼怪，就开始用燃火的方法来驱赶那些凶禽猛兽。后来，就逐渐演变为燃灯的风俗。

元宵节放灯源于农事习惯

还有一种说法，认为元宵节放灯源于民间的"放哨火"等农事习惯。每年正月十五左右，春耕即将来临，各地农民忙于备耕。一些地区的农民就在这天晚上到地里把枯枝杂草拢在一起，放火烧掉。

综观上诉诸说，它们其实都是以传说为本、靠旁证相印、缺乏权威依据的推测。所以，元宵节放灯的起源，终究还是谜团重重。

抓周起源之谜

▶▶ ZHUAZHOU QIYUAN ZHI MI

你知道抓周的习俗吗？抓周，古时又称为"试儿"，它是一种流传已久的习俗，人们认为通过抓周可以测卜小孩子将来的志趣、前途等。这种奇特的习俗是怎么产生的呢？关于抓周这一习俗的起源，有的人说始于三国时期，也有的人认为在先秦时期就已经有了，还有的人认为它产生于一种征兆观念。对此，专家们观点各有不同。

🔵 抓周习俗

抓周一般定在小孩儿满岁的当天，人们将笔、墨、算盘、书本、银钱、食品、剪刀等物品摆放在孩子面前，在不做任何诱导的情况下，让孩子随意抓取，他先抓到什么，今后的成长方向就很可能跟这件物品有关。比如，小孩儿先抓了印章，则长大以后可能做大官；抓到算盘，则说明他日后善于理财；如果是女孩儿，抓到针、线、铲子、勺子之类的，则说明她将来是个善于料理家务的姑娘；抓了吃食、玩具，小孩儿长大以后则可能生活富裕，不会受苦；等等。当然，这只是长辈们对孩子前途的一种希望，是对孩子今后人生的祝愿。

🔵 起源于三国时代

抓周习俗，最早见于南北朝时期的记载，但人们认为它的起源时间会更早，应该在三国时代。相传，三国时吴主孙权称帝后不久，太子孙登因病而亡，孙权需另选太子。这时西湖布衣景养进言："立嗣传位乃千秋万代的大业，不仅要看皇子是否贤德，而且要看皇孙的天赋。"于是，孙权采用景养选嗣的方法，将所有皇孙都抱至宫中。景养准备了一个满是珠贝、象牙、犀角等物的盘子，让小皇孙们任意抓取。大多皇孙或抓翡翠，或取犀角。唯有孙和之子孙皓，一手抓过简册，一手抓过绶带。孙权大喜，遂册立孙皓为太子。虽然后来孙皓被废黜，无缘帝位，但是经过几次政治动乱，孙皓还是当上了皇帝。这不得不让一些老臣回想起多年前景养选嗣的方式，称赞抓周的灵验。后来，很多人也开始采用这种方式来验试儿孙的未来，逐渐成为一种习俗。

是一种巫术文化

也有人认为，其实这种"试儿"习俗起源于先秦时期的一种巫术文化。据说，楚共王要在几个儿子中选出接任者，就秘密将一块遍祭名山大川的玉璧埋在祖庙的庭院里，让五个儿子依长幼顺序进庙拜跪祖先，谁正好压在埋玉璧的位置上，谁就是神灵所确立的王嗣。年龄最小的儿子被抱进祖庙后，两次下拜，均压在了玉璧的璧纽上。但楚共王最终把下跪时两足各跨玉璧一边的长子（即楚康王）立为太子。大臣斗韦龟很感慨，他认为此举违背了天命，于是将自己的儿子托付给楚共王的小儿子，之后楚共王的小儿子果然坐上了王位，即楚平王。后来，就有了"试儿"的习俗。

征兆观念

还有人认为这一风俗源于征兆观念，即以为自然界的各种现象、人世间的吉凶祸福，在其发生之前都是有征兆的。这种观念其实是人们因无法解释和把握强大的自然力量与自身命运而产生的一种思想。以抓周来预测前程就是这种征兆观念的表现之一。

对于抓周习俗究竟是怎么产生的，学者的见解各有不同。如今这一风俗，表达了人们对生命延续以及平安和兴旺的祝愿，反映了父母对子女的舐犊深情，是一种具有人情味的风俗。

对联起源之谜

▶▶ DUILIAN QIYUAN ZHI MI

对 联也就是我们所说的"春联"。每年的春节，每家每户都要在门上贴上写满吉祥和祝福话语的春联，迎接新的一年的到来。春联作为一种独特的文学形式，在我国有着悠久的历史，它的起源也各有说法。

起源一——张贴桃符

早在秦汉以前，我国民间每逢过年，就有在大门的左右悬挂桃符的习俗。"正月一日，造桃符着户，名仙木，百鬼所畏。"所谓桃符，就是用桃木做成的两块大板，上面分别书写上传说中的降鬼大神"神荼"和"郁垒"的名字，用以驱鬼压邪。

起源二——张贴门神

到了唐朝时期，传说由于泾河老龙被斩，各种妖怪来到皇宫作乱，闹得太

宗不得安宁，唐太宗遂命令秦琼、尉迟恭二员猛将把守宫门，鬼怪才不敢来作乱。后来太宗下令将他们的画像贴在宫门上，起到了同样的作用。从此张贴门神的习俗代替了挂桃符的习俗。

起源三——骈文和律诗的产物

也有一种观点认为，对联其实是骈文和律诗的产物。六朝骈文已经很讲究对偶，到了唐、宋时期，诗和词的对偶格式已经非常固定且形成规律。所以，有关专家推测，对联最晚应该起源于唐代。李义山："远比召公，三十六年宰辅。"温庭筠对曰："近同郭令，二十四考中书。"成熟的口头对联，由此时出现。

起源四——五代时期

据史料记载，后蜀广政二十七年（964年）的春节前夕，后蜀主孟昶因平日善习联语，故趁新年来到之际，下了一道命令，要求群臣在"桃符板"上题写对句，以试才华。群臣各自写好一副，耐心等待审查。孟昶一一看过，均不满意。于是他就亲自提笔，在"桃符板"上写了"新年纳余庆，佳节号长春"一联。这就是中国有文字记载的最早的一副春联。

虽然张贴春联的年节习俗在我国流传了多年，然而对联究竟起源于何时，目前仍是中国文化史上一个悬而未解的问题。

端午节起源之谜

▶▶ DUANWUJIE QIYUAN ZHI MI

农历五月初五是我国的传统节日"端午节"，至今已有2000多年的历史。每年这个时候，全国各地都会举行各种庆祝活动。但是，关于端午节的由来，至今还是个谜呢。

纪念屈原说

端午节来源于人们对诗人屈原的纪念的说法，是当今流传最广、影响最深的一种说法。

相传，屈原为春秋战国时期楚国的一个大臣，他性格耿直，胸怀大志。他对内倡导举贤任能，富国强兵，对外主张联齐抗秦，但遭到贵族子兰等人的强烈反对，楚怀王听信谗言将屈原流放到沅、湘流域。后来，秦军攻破楚国都城。屈原看到国破家亡的惨状，内心悲痛至极，就在五月初五毅然投汨罗江殉国。楚国百姓闻讯哀痛异常，纷纷跑到江边凭吊屈原。他们划舟打捞屈原的尸体，又怕江中鱼儿啃食屈原的尸体，于是将饭团、鸡蛋等食物抛入江中，又拿雄黄酒倒入江中，药晕蛟龙等水兽。后来，每年的五月初五，民间就有了赛龙舟、吃粽子和喝雄黄酒的风俗，人们以此来纪念诗人屈原。

纪念伍子胥说

纪念伍子胥的说法流传在江浙一带。伍子胥原为楚国人，因自己的父亲和兄弟被楚王所杀，所以投奔吴王做了吴王的大臣。后来，吴国攻打越国，越国大

败，越王勾践请和，伍子胥力谏应彻底消灭越国，吴王夫差不听，反而听信吴国太宰谗言赐死伍子胥，还命人将其尸体用皮革裹起来在五月初五那天投入江中。伍子胥本是忠良之将，百姓哀其含冤屈死，因而临江祭吊，以表缅怀之情。后来，就演变成今天的端午节。

🔵 纪念孝女曹娥说

相传，在东汉时期有一位名叫曹娥的孝女，因父亲溺江而死，多日都没有找到尸体，曹娥昼夜沿江号哭，最后，在五月初五那天投入江中。令人意想不到的是，五日之后，曹娥竟抱着父亲的尸体浮出了水面。人们被曹娥的孝心所感动，便将五月初五定为孝女节，也就是今天的端午节。

🔵 百越祭祖说

还有专家根据一些考古成果推测，端午节很可能起源于一个名为百越族的古老民族。在先秦时代，百越族常年居住在长江中下游以南地区，而五月五日是他们每年祭祖的节日。后来，在长期发展中，大部分百越人逐渐融合到汉族中去，有一小部分与今壮、黎、傣、侗、水、布依等族有渊源关系，端午节也就成为了全民族的节日。

当然，除了以上四种说法以外，民间还流传着许多的说法，如恶日说、夏至说等。端午节到底起源于何时，并不十分清楚，而在这些说法中，尤数屈原的人格和诗作超群，对后世的影响也最为深广，人们也便愿意把这一个纪念日归于他了。

中秋节起源之谜

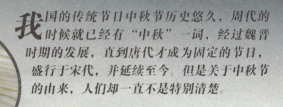

ZHONGQIUJIE QIYUAN ZHI MI

我国的传统节日中秋节历史悠久，周代的时候就已经有"中秋"一词，经过魏晋时期的发展，直到唐代才成为固定的节日，盛行于宋代，并延续至今。但是关于中秋节的由来，人们却一直不是特别清楚。

为纪念嫦娥

相传，远古时候天上有10个太阳，晒得庄稼枯死，民不聊生。一个叫后羿的英雄，天生神力，他来到昆仑山顶，拉开神弓，射下9个太阳，并严令最后一个太阳按时起落，为民造福。

后羿因此受到百姓的尊敬和爱戴。后羿有一个美丽善良的妻子，名叫嫦娥。西王母见后羿为民造福有功，便赐他一包可以升天成仙的不死之药。但是后羿舍不得美丽的妻子，于是将药交与妻子保管。谁知，有一个叫逢蒙的人趁后羿外出的时候前来逼迫嫦娥交出神药，嫦娥情急之下吞下了神药。嫦娥的身子立即飘离地面，冲出窗口，向天上飞去。由于嫦娥牵挂着丈夫，便飞落到离人间最近的月亮上成了仙。

后羿得知妻子升天成仙，悲痛欲绝，日夜仰望天空，寻找妻子的影子。

一日，他发现月亮上晃动的一个身影很像嫦娥，于是叫人在

后花园摆上香案，放上嫦娥平时最爱吃的蜜食鲜果，遥祭在月宫里眷恋着自己的嫦娥。百姓们闻知嫦娥奔月成仙的消息后，纷纷在月下摆设香案，遥遥地为她祝福。从此，中秋节拜月的风俗便在民间传开了。

拜祭月神

有人认为，中秋节起源于古代秋祀、拜月的习俗。相传，古代齐国有个丑女叫无盐，幼年时曾虔诚拜月，长大后，以超群品德入宫，但未被宠幸。有一年八月十五赏月时，天子在月光下见到她，觉得她美丽出众，后立她为皇后。中秋拜月的习俗便由此而来。

祭拜土地神

还有一种说法认为中秋节实际上是古时候人们庆祝秋季丰收、祭拜土地神的节日。因为农历八月十五这一天恰好是稻子成熟的时刻，各家都要拜土地神，感谢神的恩赐。

当然，以上这些说法都只是传说而已，中秋节的真正起源，还有待进一步研究。

腊八粥起源之谜

▶▶ LABAZHOU QIYUAN ZHI MI

农历十二月初八，是我国传统的腊八节。这一天，民间流传着吃"腊八粥"（有的地方是"腊八饭"）的风俗。不过，腊八粥究竟源出何时何地？其最初的文化内涵又是什么？至今没有定论。

来自"赤豆打鬼"的风俗

传说上古五帝之一的颛顼氏的三个儿子死后变成了恶鬼，专门出来吓唬孩子。古代人普遍迷信，害怕鬼神，大人认为小孩儿得病都是这些恶鬼在作祟。这些恶鬼天不怕地不怕，单怕赤（红）豆，故有"赤豆打鬼"的说法。所以，民间便有了在腊月初八这一天以红小豆熬粥，以驱邪迎祥的习俗。

为悼念饿死在长城工地的民工

秦始皇修建长城，天下民工奉命而来，长年不能回家，吃粮靠家里人送。有些民工，与家隔了千山万水，粮食送不到，因此饿死于长城工地。有一年腊月初八，无粮吃的民工们合伙积了几把杂粮，放在锅里熬成稀粥，每人喝了一碗，但最后还是饿死在长城下。为了悼念饿死在长城工地的民工，人们以后便在每年腊月初八吃"腊八粥"。

对忠臣岳飞的怀念

当年，岳飞率部抗金于朱仙镇，那里正值数九严冬，岳家军衣食不济、挨饿受冻，众百姓相继送粥，岳家军饱餐了一顿百姓送的"大家饭"，结果大胜而归。这天正是十二月初八。岳飞死后，人民为了纪念他，每到腊月初八，便以杂粮煮粥，终于成俗。

腊八粥救了朱元璋的命

对于腊八粥的缘起，还有一个"朱元璋忆苦思甜"的故事。相传明太祖朱元璋幼时贫贱，某年腊月初八，他和一群牧童饿着肚子在枯草甸放牧时，发现一个田鼠洞，大家从洞中掏出一堆玉米、豆子、稻谷等田鼠贮存的过冬之物，便将这些杂粮煮了一锅粥分享。在少年朱元璋的记忆中，这大概是最难忘的美味佳肴了。后来朱元璋带着这批穷兄弟起兵，推翻元朝，建立明朝。为表示不忘出身"布衣"的根本，每逢腊月初八，朱元璋都要把这批已成为勋贵的兄弟召到一起，共食一顿杂粮粥，后来他还将这粥赐名"腊八粥"，也称"王侯腊"。之后，这项本是为了忆苦思甜而举行的活动，逐渐流向民间，演变成了全社会的风俗习惯。

源于佛教

关于腊八粥的起源还有一说。在浙江天台山寺庙里有一烧饭和尚，名叫阿弥，他为人勤俭，平时刷锅洗碗，见有米粒豆子之类，都洗净晾干收藏好。到了十二月初八佛祖成道日这天，庙里的和尚都外出募化，各以所得供奉佛祖。阿弥身无长物，便把一年里累积起来的米、豆、菜、果等熬了一大锅粥给大家吃，也算结缘。大家食而有味，便问此粥由来，阿弥便如实相告，和尚们连声称好。以后，阿弥每逢十二月初八，都要用累积下来的杂粮菜果烧粥给众人吃。以后，这一风俗渐渐传入了民间。

以上诸说，虽都有一定道理，但又都有值得商榷的地方。因此，腊八粥的历史来源与文化内涵还是一个有待继续研究的疑难问题。